蒙汉文互译  出版工程

黄金史纲

佚名 著

留金锁 校注
包额尔德木图 乌仁塔娜 编译
王石庄 审订

内蒙古人民出版社

图书在版编目（CIP）数据

　　黄金史纲 / 佚名著；留金锁校注；包额尔德木图，乌仁塔娜编译．
―― 呼和浩特：内蒙古人民出版社，2017.12
　　蒙汉文互译出版工程
　　ISBN 978-7-204-15157-8

　　Ⅰ．①黄…　Ⅱ．①佚…②留…③包…④乌…　Ⅲ．①蒙古族
－民族历史－中国－古代Ⅳ．① K281.2

　　中国版本图书馆 CIP 数据核字 (2017) 第 325947 号

黄金史纲

著　　者	佚　名	
校　　注	留金锁	
编　　译	包额尔德木图　乌仁塔娜	
责任编辑	段瑞昕	
封面设计	徐敬东	
责任印制	王丽燕	
出版发行	内蒙古人民出版社	
地　　址	呼和浩特市新城区中山东路 8 号波士名人国际 B 座	
网　　址	http://www.impph.com	
印　　刷	内蒙古恩科赛美好印刷有限公司	
开　　本	710mm×1000mm　1/16	
印　　张	9	
字　　数	100 千	
版　　次	2018 年 1 月第 1 版	
印　　次	2018 年 1 月第 1 次印刷	
印　　数	1—2000 册	
书　　号	ISBN 978-7-204-15157-8	
定　　价	36.00 元	

如发现印装质量问题，请与我社联系。

联系电话：（0471）3946120

"蒙汉文互译出版"工程
专家组

文化与文学组组长　特·官布扎布

史学与文献组组长　王石庄

成　　员　（按姓氏笔画排序）

仁钦　白·特木尔巴根　那仁朝格图

梅花　萨日娜　锡林巴特尔　嘎日迪

额尔顿哈达　额尔德木图

总 序

姜伯彦

  文化是一个国家、一个民族的灵魂。文化兴则国运兴，文化强则民族强。夺取新时代中国特色社会主义伟大胜利，实现中华民族伟大复兴，必须坚定文化自信，推动文化繁荣兴盛，在创造性转化、创新性发展中，铸就中华文化新辉煌。

  文化因交流而多彩，

  文明因交融而灿烂。

  蒙古民族是中华民族大家庭中的一员，在长达千年的历史时空中，"马背民族"绘就了气势恢宏、光彩夺目的历史画卷，创造了悠久灿烂的历史文化。蒙古族音乐、舞蹈、曲艺、绘画、军事、科技、历史典籍、文学作品和风俗习惯等极具特色、内涵丰富，形成了多彩厚重的文化积淀和典籍传承，为铸就灿烂辉煌的中华文化做出了独特、卓越的贡献。

时代在发展，历史在前进。在历史长河中创造的、并为灿烂多彩的中华文化做出卓越贡献的蒙古族历史文化，也面临着保护性抢救、拓展性挖掘和传承性弘扬的时代课题。立足新时代，系统总结蒙古族历史文化，传承弘扬蒙古族历史文化精神，集中展现蒙古族历史文化精髓，对于坚定文化自信，推进内蒙古文化强区建设，建设社会主义文化强国意义重大。

文化的厚植在于交流，

文化的发展在于交流，

文化的魅力在于交流。

蒙古民族创造的特色浓郁的历史文化，既是蒙古族的，更是中国的、世界的。把以母语形式记载和流传的蒙古族历史文化、文学艺术、军事科技、民间艺术、民俗风情等译成汉文出版，既是人们认识、欣赏、品味蒙古族和壮美内蒙古的一把钥匙，也是人们认识、欣赏、品味丰富独特的蒙古族历史文化的一个窗口。同时，将中华民族五千年文明史所孕育的中华传统文化、党领导人民在革命、建设、改革中创造的革命文化和社会主义先进文化译成蒙古文出版，能够进一步促进蒙古族文化在汲取中华传统文化、革命文化和社会主义先进文化的内涵精髓中突出民族性、体现时代性，在融合发展、繁荣兴盛中熠熠生辉；能够进一步促进各民族人民在坚定文化自信中增强"五个认同"，为实现中华民族伟大复兴的中国梦砥砺前行、不懈奋斗。同时也为世界其他国家和地区的蒙古族同胞了解认知中华文化，了解认知中国，了解认知中华民族共同团结奋斗、共同繁荣发展的生动实践提供了重要渠道。

文脉相传、薪火相承。在内蒙古自治区党委、政府的高度重视下，我们启动了"蒙汉文互译出版"工程。工程坚持"抢救挖掘、交流交融、传承弘扬"的原则，精选蒙古族历史文化有传承、传播价值的作品翻译成汉文出版。精选中华传统文化、革命文化和社会主义先进文化有交流、传播价值的作品翻译成蒙古文出版。同时，服务"一带一路"倡议，树立国际视野，面向世界推介传播蒙汉文互译出版精品。

"蒙汉文互译出版"工程，由自治区党委宣传部组织领导，自治区新闻出版广电局具体实施，在编委会的统筹下推进。工程面向国内外征集有价值的选题作品，由专家委员会评审确定。工程指定出版单位，按照标识、开本、封面、版式、纸张"五统一"的方式出版，立足系统化、规模化、标准化，将互译出版的图书做成系列。

文化贵在大众化。没有大众化传播，难以形成高度的文化自觉和文化自信。"蒙汉文互译出版"工程，坚持大众化方向和通俗化、时代化原则，在尊重原义、保留原味的基础上，使译著更鲜活、更生动、更具可读性和吸引力。

文化重在面向世界。不能走向世界的文化，难以在世界文化的交流和碰撞中，尽显强大的生机活力和认同力、影响力。"蒙汉文互译出版"工程，运用市场手段，对翻译作品进行全方位的宣介、发行，最大限度地让国内外读者欣赏到蒙汉文互译出版精品，感受中华文化和蒙古族历史文化的魅力。

回眸过去，在内蒙古出版史上，如此系统化、大规模、高质量地打造"蒙汉文互译出版"工程，尚为首次。我们深知工程意义深远，使命光荣，责任重大，定不辱使命、不负众望，把"蒙汉文互译出版"工程组织好、实施好、推进好，为推动社会主义文化繁荣兴盛做出贡献。同时，我们也深知，蒙古族历史文化和中华文化的典籍文献、发展成果浩如烟海，因工程浩大和蒙汉文互译的难度，互译出版作品难免存有疏漏和不足，敬请赐教。

2017 年 12 月

上尊高贵菩萨们的后裔，

贤德至上帝王们的世系。

源出印度和吐蕃传承至今，

对此做一概要的述说。

宇宙间的人以及其他生命，

由于不能觉悟、不谙所作，

于是摩诃三摩地凭着年轻佛陀的机缘，

成为众所拥戴

·《黄金史纲》蒙古文版·

印度第一个可汗的名字叫摩诃三摩地可汗，他的儿子叫乌吉斯古楞格日勒图可汗，乌吉斯古楞格日勒图可汗的儿子叫布彦图可汗，布彦图可汗的儿子叫特体衮阿萨拉克齐可汗，特体衮阿萨拉克齐可汗的儿子是主宰被称为"虚空之甲"的四赡部洲的金轮可汗，金轮可汗的儿子是主宰美丽的三赡部洲的银轮可汗，银轮可汗的儿子是主宰美丽的两赡部洲的铜轮可汗，铜轮可汗的儿子是主宰美丽的一赡部洲的铁轮可汗，铁轮可汗的儿子叫特古斯乌吉斯古楞图可汗。这后五位被赞为"胜乐总摄轮五可汗"，即"五转轮可汗"。

特古斯乌吉斯古楞图可汗的儿子叫塔勒必克齐可汗，塔勒必克齐可汗的儿子叫塔勒彬八日克齐可汗，塔勒彬八日克齐可汗的儿子叫沙古尼可汗，沙古尼可汗的儿子叫固始可汗，固始可汗的儿子叫也克固始可汗，也克固始可汗的儿子叫赛音乌哲格齐可汗。

从摩诃三摩地可汗的黄金家族中分出来的一

· 北方民族史前玉石雕刻 ·

八思巴（1235－1280年）。元朝第一代帝师、学者。吐蕃萨斯迦人。本名罗古罗思监藏，八思巴（又译八合思巴、发思巴，意为"圣者"）是尊称。生于款氏贵族之家，师从伯父萨斯迦·班迪达·贡嘎扎拉散习佛典。中统元年（1260），忽必烈即帝位，封八思巴为国师，赐玉印，让他统领天下释教。

支为格尔克可汗，他的儿子叫赛音图如勒图可汗。

从这位可汗渐次分出来的可汗们的最后一支世系为阿日斯兰乌胡其图可汗，他的儿子们分别叫阿润易德图可汗、察干易德图可汗、唐苏克易德图可汗、阿日山易德图可汗。长子阿润易德图可汗有两个儿子，长子即为佛祖大师——释迦牟尼佛，次子叫乌吉斯古楞图安迪。

阿日斯兰乌胡其图可汗的第二个儿子察干易德图可汗有两个儿子，长子叫那逊特古勒德尔伊拉古克齐，次子叫特古斯赛音。阿日斯兰乌胡其图第三个儿子唐苏克易德图可汗有两个儿

·八思巴·

·八思巴文字印章·

子，长子那逊呐特古勒德尔也克讷列图，次子乌璐道瑞都克齐。阿日斯兰乌胡其图第四个儿子阿日山易德图可汗有两个儿子，长子提瓦顿，次子阿南达。释迦牟尼的儿子叫喇胡里，喇胡里出家为僧，从此，阿润易德图可汗便绝了后。诸多经书则称"不曾绝后"（释迦牟尼即为喇胡里阿润易德图可汗）。

佛祖涅槃仙逝一千多年之后，摩诃三摩地可汗的黄金家族在东方雪山周边繁衍生息的大致情况，就是上述情景。

印度默克多地区的库萨拉可汗之子萨尔巴可汗有五个儿子，幼子生来就长有青色犀毛，手脚扁平，眼皮是向上闭合的。因其长相与往世各代都不同，于是人们把他装进铜匣子里扔到恒河水中。在八鲁布国和吐蕃特接壤的地方，一位吐蕃特老人从河边捡到了这个匣子，打开一看，原来里面是一个长得非常好看的男孩儿。老人就把他养到了十六岁。后来他们想寻找一个地势较高且环境优美的地方安顿下来，于是来到一处大雪封顶的山地，打算定居下来。他们在这里遇见了一伙吐蕃特人，问："你们从哪里来？"他往天上指了指。吐蕃特人说："这孩子是天命下凡，我们吐蕃特国还没有自己的可汗呢。"说着，把他托在脖子上带回了吐蕃特。这就是吐蕃特第一位可汗，史称"胡主文散大力图可汗"，意思是"颈项宝座可汗"，即"聂墀赞普"。他的儿子叫额日勤多兰胡文散大力图可汗，意思是"七贵人宝座可汗"，即"牟墀赞普"。额日勤多兰胡文散大力图可汗的儿子叫齐雅儿布邵本散大力图可汗，意思是"美音雀宝座可汗"，即"丁墀赞普"。齐雅儿布邵本散大力图可汗的儿子叫爱达乐嘎阿尔拜散大力图可汗，意思是"罗汉麦宝座可汗"，即"索墀赞普"。爱达乐嘎阿尔拜散大力图可汗的儿子叫胡力胡鲁克嘎勒宝鲁尔散大力图可汗，意思是"梨花毛骏马火晶宝座可汗"，即"德墀赞普"。胡力胡鲁克嘎勒宝鲁尔散大力图可汗的儿子叫衮苏彬莫林散大力图可汗，意思是"渊智骏马宝座可汗"，即"墀白赞普"。衮苏彬莫林散大力图可汗的儿子叫达赖苏彬阿拉坦散大力图可汗，意思是"海智金宝座可汗"，即"止贡赞普"。他有三个儿子，长子卜

·北方民族生产生活工具·

罗初，次子少布奇，幼子孛儿帖赤那。他们相互攻讦，孛儿帖赤那北渡腾吉斯海，来到异域，娶了还没出嫁的名字叫豁埃马阑勒的姑娘为妻，就居住在了异域。于是，有了蒙古这个部落。

孛儿帖赤那的儿子叫巴岱查干，他的儿子叫特穆金，特穆金的儿子叫霍里察儿蔑儿根，霍里察儿蔑儿根的儿子叫乌古扎木布乌然勒，乌古扎木布乌然勒的儿子叫萨里哈勒察胡，萨里哈勒察胡的儿子叫也克尼

· 元太祖成吉思可汗 ·

敦，也克尼敦的儿子叫萨摩苏琪，萨摩苏琪的儿子叫萨里哈勒察胡，萨里哈勒察胡的儿子叫布尔吉吉岱莫尔根，布尔吉吉岱莫尔根的儿子叫图儿嘎勒斤巴颜，图儿嘎勒斤巴颜的妻子名字叫博鲁克沁高娃。

·《元史》·

蒙古诸可汗的太祖为成吉思可汗。

成吉思可汗的第三个儿子叫窝阔台可汗。窝阔台可汗的弟弟（儿子）叫胡鲁克可汗。（胡鲁克）可汗的弟弟（堂弟）名字叫蒙哥可汗，蒙哥可汗的弟弟叫忽必烈可汗，忽必烈可汗的弟弟（孙子）名叫乌勒吉图可汗，乌勒吉图可汗的儿子（堂侄）叫胡鲁克可汗，胡鲁克可汗的儿子（弟弟）叫博颜图可汗。博颜图可汗的儿子叫格根可汗，儿子（堂伯父）叫也孙铁木儿可汗。其后为扎雅图可汗、呼图克图可汗。

其后为伊尔察马勒可汗、乌那嘎图（乌哈嘎图）可汗（妥懽帖睦尔），乌那嘎图可汗的儿子叫毕力克图可汗，毕力克图可汗的儿子叫乌斯哈勒可汗，乌斯哈勒可汗的儿子叫卓里克图可汗，卓里克图可汗的儿子叫额勒孛克可汗。

其后卫拉特部的巴图拉青桑夺取了蒙古的政权。其后为岱宗可汗，而额森太师又夺取了蒙古的政权。

其后为脱胡干可汗、窝雷特木尔可汗、德勒孛克可汗、乌雅尔岱可汗、阿岱可汗。后来卫拉特部的脱胡干太师夺取了蒙古政权。

· 布达拉宫内四世达赖喇嘛塑像 ·

其后为岱宗可汗。此后，蒙古的政权被卫拉特部的额森太师夺取了。

其后还有玛哈古尔吉斯可汗、莫伦可汗、满都古力可汗、巴颜蒙克博勒胡吉农。巴颜蒙克博勒胡吉农的儿子叫巴图孟克赛音达延可汗。其后为其孙子博迪阿拉克可汗，他的儿子叫达赉逊库登可汗。其后是巴尔斯博罗特吉农之子格根阿拉坦可汗、图们札萨克图可汗、博颜斯钦可汗、僧格特木尔都楞可汗。僧格特木尔都楞可汗的儿子叫苏米尔莫尔根台吉，他的儿子是达赖喇嘛的转世化身云丹扎木苏。

其后为博颜彻辰可汗，博颜彻辰可汗的弟弟是芒胡克莫尔根台吉，他的儿子叫力格登呼图克图可汗。力格登呼图克图可汗儿子叫额儿克洪格尔台吉，他的弟弟名字叫阿巴亥亲王，阿巴亥亲王的儿子叫布尔乃亲王，至此已历四十二代。

〉解析〈

文中的脱胡干与脱欢为一人。巴图拉之后紧接着是岱宗可汗与额森太师，这是把历史的顺序弄错了。额森之前遗漏了阿噶巴尔金吉农称可汗一节。"巴尔斯博罗特吉农之子格根阿拉坦可汗"这种说法是不准确的。阿拉坦是汗，而不是可汗，他与博迪阿拉克、达赉逊库登、图们札萨克图等北元可汗是同时代的人。只因三世达赖喇嘛索南嘉措赐封其为"咱卡拉瓦尔迪彻辰可汗"，从而，史书误称其为"可汗"。

有都瓦锁豁儿、多本莫尔根二子者。都瓦锁豁儿前额中部有一只眼，能望见三程远的距离。他们有起名叫达吉尔、博罗的两匹马。都瓦锁豁儿带着弟弟多本莫尔根爬到布尔汗哈勒敦山上，都瓦锁豁儿望见有一群游牧的人，从堆仍吉利图奔腾格里克溪而来。都瓦锁豁儿对弟弟多本莫尔根说："那

· 北方民族生活工具 ·

边来的游牧车里坐着一位姑娘，她面容焕发的光彩从这里都能看得见啊！"他弟弟过去一看，果然有一位姑娘。多本莫尔根问姑娘："你们是什么人？"姑娘道："我是土默特部的，是胡洛勒岱莫尔根的巴尔虎真豁埃阿哈在阿里克乌孙地方出生的阿伦高娃姑娘，那就是我呀。"后来，多本莫尔根娶她为妻，生了两个儿子。

多本莫尔根的长子叫布胡哈塔吉斯，次子叫布胡齐莎拉齐。自此，布胡齐莎拉齐的后裔成了沙勒齐古惕氏，布胡哈塔吉斯的后裔成了哈塔吉惕氏。

多本莫尔根去世后，他的妻子阿伦高娃寡居，后来生下了别克帖尔、伯勒格岱、孛端察儿三个儿子。对此，布胡哈塔吉斯和布胡齐莎拉齐两个儿子产生了怀疑，暗地里说："附近没有我们的亲戚，这几个孩子是谁的呢？"母亲阿伦高娃听到后说："你们二人产生这样的疑问是对的！"然后交给他们每人一支箭让他们折断，他俩很轻松地把箭给折断了。而后阿伦高娃又拿出五支箭叫他们折断，他们都未能折断。阿伦高娃对他们说："你们五个人合在一起，力量就像这合在一起的五支箭一样强

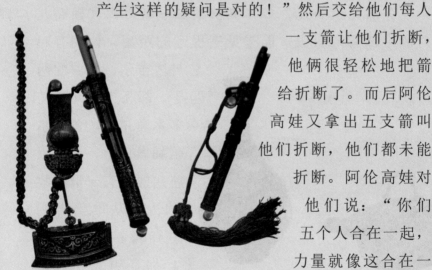

· 蒙古族佩饰 ·

·明蒙边境遗存·

大。当我怀他们三人之时，每夜总有黄白色的男人来
到我身边，其光芒闪烁，男人摩挲过我的腹肚之后，
变成了一条黄狗，舔着嘴巴从西门出去了。依我看啊，
这是天命注定要让他们降生的啊！"

兄弟五人分家产的时候，只分给孛端察儿一匹脊
背有鞍疮的秃尾青白马。孛端察儿说："无所谓，就
凭命运吧！"他离开家溯斡难河而上，遇见有一只狼
在断崖上袭击一头牡鹿，他摸过去射死以其肉为食过
起日子。他就在斡难河源头架起草窝棚安顿下来，看
见苍鹰捕捉野鸡，他便用马尾鬃做套捉住苍鹰，猎取
野鸡。正当他顺着河流放鹰的时候，遇见一群人。于是，
孛端察儿经常到他们那里讨要酸奶喝，喝罢即去。

后来，其兄别克帖尔溯斡难河而上，心想我们的
弟弟独自出走，是死是活还不知道呢，于是便问这群人：

· 放牧与猎羊 岩画 ·

"你们见过一个骑秃尾青白马的年轻人没有？"他们说："这里有一个骑秃尾青白马的年轻人，他有一只苍鹰。他天天来我们这里讨酸奶喝，你就不要到处找了，就在这等着吧。"大约中午时分，天空没有一朵云彩，却下起了蒙蒙细雨，他们说："你看，他来了！"一会儿，孛端察儿来到了他身边。孛端察儿放鹰猎获的野鸡、野鸭的羽毛就像雪片一样顺风飘向斡难河。兄弟俩见了面，相伴而归。在路上，孛端察儿对哥哥别克帖尔说："常言道，人有头，衣有领，我们去把他们征服了吧！"别克帖尔说："我们先回去，跟兄弟们商量一下吧！"回到家兄弟五人商量之后，便前去征服了那一群人。孛端察儿掠得一个有身孕的人做了他的妻子。

孛端察儿的儿子叫哈必齐胡鲁克，哈必齐胡鲁克的儿子叫必齐儿巴特尔，必齐儿巴特尔的儿子叫马哈图敦，马哈图敦的儿子叫哈齐胡鲁克，哈齐胡鲁克的儿子叫拜升忽尔多克顺，拜升忽尔多克顺的儿子叫敦必乃斯钦，敦必乃斯钦的儿子叫哈布勒可汗，哈布勒可汗的儿子叫巴尔坦巴特尔，巴尔坦巴特尔的儿子叫也速该巴特尔。

也速该巴特尔与答里台、斡楚浑两位弟弟行猎之际，一只白兔叫着蹿了过去，原来是一个妇人在那里解过溲。于是他们沿着车辙走过去，也速该对弟弟说："这个女人一定能生出优秀的儿子。"于是他们顺着

·猎鹿 岩画·

·海东青石刻·

车辙跟了过去，原来是泰亦赤兀惕部的也克赤列都接他的妻子诃额伦，自斡勒忽讷特娘家归来。也速该一边追赶一边对两位弟弟说："抓住他们！"诃额伦看到他们追来，对丈夫说："看见了吗？刚才那三个人看着就不怀好意，你赶紧逃命去吧！"说着，脱下内衣交给丈夫。

就在说这话的时候，三兄弟已经赶来交战。赤列都策马逃走，兄弟三人紧追不舍，越过了三座山冈，渡过三条河流，还是没能追上他。于是，也速该留下并带着诃额伦往家走，路上诃额伦不断地哭泣。答里台和斡楚浑说："已经渡过了三条河流，越过了三座山冈，寻之无迹，望之无影，你再怎么哭泣他也听不到啊！"诃额伦听到这话，止住了哭声。诃额伦到了也速该家后，先后生下了长子铁木真、次子哈撒儿、三子哈出胡、四子斡出胡。

后来，铁木真到了定亲的年纪，也速该领儿子铁木真去了舅家斡勒忽讷特部，为其儿子提亲。途中遇见德斯钦。德斯钦说："乞牙惕部族孛儿只斤氏的这位亲家，你带着孩子要去哪里啊？"也速该道："找斡勒忽讷特部，为长子铁木真提亲去。"德斯钦说："昨天夜里我梦见胡塔拉的白海青飞到了我的手上，原来是你们乞牙惕部的孛儿只斤氏要大驾光临啊。请您到我家去，我有一个九岁的女儿叫布尔特格勒津，许给你的儿子吧。从前我们那地方的规矩，要让我们美丽的姑娘坐上勒勒车，套上黑公驼，去做最高首领的哈屯；套上没有杂毛的公驼，坐上高高的乘辇，去当一国之主的哈屯。"于是也速该巴特尔把儿子连同两匹骏马留在了德斯钦家。临别时嘱咐道："我儿子自幼怕狗，请呵护好他！"说罢，启程返回去了。

也速该在归途中经过塔塔儿部的地界，正好赶上他们的人在摆宴席，也速该也入了宴席。他暗地思忖："他们这些人很险恶，怎样才能脱身呢？"正在这时，塔塔儿人在食物里掺进了毒药。也速该吃了有毒的食物后坚持回到了家，他立即叫蒙力克过来说："我路过可怕的人的营盘，他们在食物里掺了毒药。赶紧到弘吉剌特部德斯钦家把铁木真领回来！"蒙力克疾驰而去。但还没来得及领铁木真归来，首领也速该已经与世长辞了。

明慧的斡真母亲，

养育聪颖的儿子，

恒山韭野葱充饥，

终养成部族的主人。

刚毅的斡真母亲，

·醉归乐舞图（局部）·

培育承运的儿子，
虽游鱼豆鼠为食，
终育成帝座的主人。

　　有一次，铁木真和哈撒儿找诃额伦母亲说："我
们捉的鱼儿被必克帖儿抢了去，哈撒儿射死的麻雀也
被他抢了去，我们把必克帖儿和伯勒格台舍弃了吧！"
诃额伦母亲说："哎，我的孩子们，你们说话怎么像过去泰亦赤兀惕部的斡儿别高娃忻扎的五个儿子啊！你们除了影子没有别的朋友，除了尾巴没有别的鞭子呀！"听到这些话，铁木真、哈撒儿二人甩门而去了。

出去之后，他们看到必克帖儿在放牧八匹银合骟马。铁木真从前面，哈撒儿从背后抄过来，想杀死他。必克帖儿看到他俩说："舍弃我就舍弃吧！不要舍弃我弟弟伯勒格台，总有一天他会帮助你们的。"

杀死了必克帖儿，铁木真与哈撒儿二人来到母亲身边。母亲狠狠地训斥他们道：

"我的儿子们，
你们像悬崖边单飞的鹰，
像吃了胞衣的黑狗，
像雨天奔袭的苍狼，
像咬幼羔儿的公驼，
像夜色中奔跑的野兽，
像不可捕获的猛虎，
怎么都变成这样了呢！"

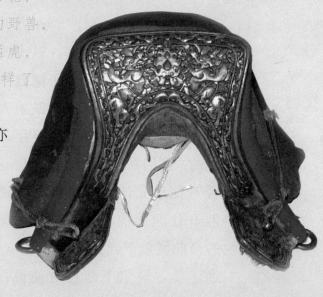

就在这时，泰亦赤兀惕部那边急忙送来消息说："（这边要发生的）事与你们母子五人无关，只要交出铁木真！"铁木真听了

·马鞍·

此话，悄悄钻进斡难河边的密林里躲了起来。

泰亦赤兀惕人知道后，守候在密林的入口。铁木真在密林里待了三天三夜，准备出林子时，马的扳胸依然扣着，肚带依旧系着，但马鞍子却翻了下来。铁木真想："肚带也就算了，扳胸还扣着，鞍子怎么会翻下来呢？难道是长生天在暗示我什么吗？"于是他又返回去躲了三天。等铁木真想再出来的时候，见一块巨大的白色顽石堵住了去路。铁木真想："莫不是长生天又在给我暗示？"又折回去挨了三天。他没吃没喝一连住了九天，饥饿难忍，心里想道："是死是活，让长生天去定夺吧！"然后就出了树林。泰亦赤兀惕人仍然在出口守候着，他们抓住了铁木真，枷上他的手，看管起来。脱尔干西拉家的两个儿子赤老温、钦白很怜悯他。

夏月十五即望之夜，泰亦赤兀惕人大摆宴席，派一个弱小童子看守铁木真。铁木真趁其不备，用枷锁猛击其头部逃了出来。童子醒过来，大声喊叫，泰亦赤兀惕人被惊动，都出来找铁木真。铁木真在水中躺下躲藏起来，脱尔干西拉遇见了对他说："你这么藏着是对的，我们在明亮处找人。俗话说'女人爱理头发，男人爱理胡子'，注意隐蔽！"说完带领泰亦赤兀惕人分散开往回寻找。到了深夜时分，铁木真找到了救了他的命的脱尔干西拉家。

进了屋，脱尔干西拉对他说："哎，铁木真，叫你去找你母亲，怎么找到这里来了呢？"脱尔干西拉

的两个儿子赤老温、钦白说："俗话说，'雀儿遇难落进草丛，草丛会救它'。如今他来找我们了，如果我们不帮忙，能说得过去吗！"说着就用斧子砸开枷锁，放了铁木真，脱尔干西拉将铁木真和他的女儿哈达干一起藏在羊毛车里。

次日早晨，泰亦赤兀惕人聚齐，说："戴枷锁的人去了哪里？我们之间相互搜查吧！"于是挨家挨户搜寻戴枷锁的人。搜到了脱尔干西拉家，要搜装羊毛的车时，脱尔干西拉显得气色愠傲，说："这么热的夏天，能把活人藏到羊毛车里吗？"于是大家各自散了回去。

脱尔干西拉说："哎，铁木真，你差点儿让我连魂魄都出了窍！"他宰了一只吃双母乳的羊羔，给铁木真准备了吃的，又灌了一桶酸马奶，牵来一匹骟后生了疮的白色骒马交给铁木真，叫他赶紧上路去找母亲。

铁木真急急忙忙回到家，见到母亲，刚刚坐下要来诉说这些天的事情，泰亦赤兀惕人却循迹追了上来，还抢走了八匹银合骟马。

铁木真骑上伯勒格台猎獭时骑的又高又瘦的马，跟着追了上去。铁木真循着草地上的蹄印疾行，遇到了纳忽巴颜的儿子忽鲁克孛斡儿出，他正在野外拿着奶桶挤马奶。

孛斡儿出问："你去哪里？"铁木真道："我在追寻我的八匹银合骟马。"孛斡儿出当即抓住一匹甘草黄色花马交给铁木真让他换乘，自己则从马群中选了一匹白脊梁银合马，与铁木真一起去追赶泰亦赤兀惕人。

他们追上泰亦赤兀惕人走近一看，他们把八匹银合马圈在一起正睡觉呢。铁木真对孛斡儿出说："你来看马，我进去吧！"孛斡儿出说："如果享福时在一起，倒霉时就走开，我还跟着你来干什么！"铁木真表示赞许，两人就一起赶着八匹马跑了出来。

·蒙古族皮画·

他们匆匆

回奔时，纳忽巴颜正在路上
等着他们。见到他俩，面
对他们笑，又背过脸去哭
泣，说："我的儿你可
不能放弃走的念头啊！"
说罢宰了一只吃双乳
的羊羔，作为途中的
给养，送他们走了。

　　铁木真赶着八匹银
合马回到家，把马交给了
诃额伦母亲，焦急万分
盼望着他的诃额伦母亲
及哈撒儿兄弟们喜出望外。

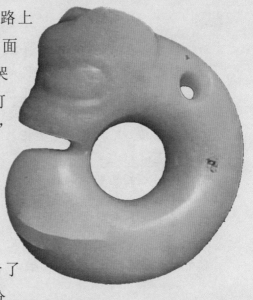

·北方民族史前玉石雕刻·

　　铁木真想，自九岁时见到德斯钦的女儿布尔特格
勒津，分别之后一直没有再见，应该去寻找她。于是
铁木真带着伯勒格台顺克鲁伦河而下，当走到齐格齐
儿与楚胡尔古两山之间时，恰好德斯钦的弘吉剌特部
也在那里。德斯钦见到铁木真，非常高兴。

　　德斯钦说："听说泰亦赤兀惕兄弟们知道你们式
微了，就想再来攻打我们，现在可见到天日了！"于
是立刻叫布尔特格勒津和铁木真完婚并准备一起启程。
回来时德斯钦送他们到克鲁伦河努图克珠勒之地，感
觉身体不适，患了热病，便先期返回了。布尔特格勒
津的母亲叫朱岱，把姑娘送到桑古儿溪也返回了。

　　朱岱额克回去之后，铁木真叫伯勒格台去请字斡

依据史书记载，所谓的"十二位邪恶之可汗"是泰亦赤兀惕部之主塔儿忽台乞邻秃黑、主儿勤部之主撒察别乞、克列亦惕部之主脱兀邻勒、札答兰部之主札木合、葛逻禄部之主阿尔斯兰汗、卫拉特部之主忽秃和别乞、豁里秃马惕部之主孛脱黑塔儿浑、维兀惕之主亦都兀惕、乃曼之主太阳汗、塔塔儿部之主篾古镇薛兀勒秃、六部主儿勤的章准汗等。

儿出来结拜。孛斡儿出见到伯勒格台，都没和自己的父母告别，就骑上一匹驼脊的黄马，披上一件青色氅衣，与伯勒格台一起到了铁木真身边。就这样按照他们传统的仪式结交了友伴。

这之后他们从桑古儿溪搬到克鲁伦河源头的布尔格额尔吉安营住了下来。并把朱岱额克赠送的黑貂皮大衣送给了敬奉如也速该部主一般的、父亲的安答——克列亦惕部的王汗。

回来之后铁木真登上汗位。这就是承天命而生的铁木真成吉思可汗。

传说佛陀涅槃后三千二百五十余年后，生出了十二个邪恶的可汗，虐害众生，为了让他们败覆，佛陀授记让成吉思可汗降生在了人间。

从此开始向五色族属四围夷邦、赡部

"五色族属四围夷邦"的五色族属为蓝色蒙古、红色汉、黑色党项、黄色回回、白色高丽。四围夷邦诸史书说法不一。《大黄册》称："五色之四为其一成夷。"《水晶念珠》称："除五色国家之外，还有四个国家。即女儿国、准噶尔国、肚洞国、狗头国。"

·哈撒儿肖像 雕塑·

洲之三百六十一个姓氏、操七百二十种语言的人们征收差赋，使手色足欲寂灭，犹如转轮王一般铁木真的声名由此远扬。洪福齐天的成吉思可汗出生在黑蛇儿年（壬午），四十五岁的红虎儿年于斡难河源头竖起九斿白纛，登上了可汗的宝座。

此事让哈撒儿心生畏惧，弃主而逃。国主下命令让苏布格台巴特尔把哈撒儿追回。

次日早晨成吉思可汗说：

"一旦出击就要像探出去的马首，

一旦当了前锋就要像黄盔上的金刚顶；

凝聚若磐石的力量强大无比的我的伙伴们、

森列若竹影的城垣般拱卫的我的军士们。

你们听好了：

行进时，就要像两岁的公牛般孔武有力；

为军情踊跃跋涉时，就要像兔鹘般轻捷疾驰；
敌我交战拼杀时，就要像鸦鹘般飞速腾挪；
不能驻营行军时，就要夜如金鼠昼如公牛般灵敏；
为军情侦察挺进时，就要像海东青般疾驰。
行军中无论哀痛还是欢欣，
都要像善于奋蹄的黑牛般勇往直前；
同异逆敌人较量时，
都要像鹰隼般敏捷进击，如饿虎捕食，似雄雕交欢；
晴朗的天要驰如公狼，暝暗的夜要骋若乌鸦。"

听了诏谕，苏布格台巴特尔顿首回复道："全力追击，竭力前行，全靠主上的福荫保佑我们了！"说罢启程追赶，很快便追上。苏布格台对哈撒儿说：

"常言道，离开了胞亲的人，
会成为狰狞人砧子上的鲜肉呀；
离开了大家庭的人，
会成为角抵孤儿的捽伴呀；
众人四分五裂了，
会成为弃儿手下的败军呀。
会动的易得，至亲难寻；
百姓们易得，姻亲难觅呀。"

哈撒儿听了这些话，调转马头回来了。

泰亦赤兀惕部的齐勒格儿搏克动起了坏心思，在自己家里挖了一个坑，盖上毡子，之后说："亲戚之间是一家人，不比旁人，怎么能不和善地往来呢！"便派人去请主上到他家做客。诃额伦母亲提醒说："不要以为险恶的敌人少，不要以为毒蛇身子细，要警惕不讲诚信的人啊！"

圣主下令道："哈布图哈撒儿你备好弓箭，搏克伯勒格台你负责管好事务，哈出胡你管好马匹，威头斡出胡你跟着我坐到我身边，不定会发生什么事情呢。"下令之后便应邀动身前往。

主上走进泰亦赤兀惕人的家里，刚要坐在毡铺正中央，斡出胡急拽主上让他坐在了毡铺的边上。

这时一个妇人径直穿过去，割断了主上坐骑的左面镫子并把它拿走。伯勒格台看到赶紧上前，打断了她的左腿，扔在那里。

布里孛勒忽刺向伯勒格台的肩膀猛地劈去。混乱中哈撒儿在弯弓搭箭，伯勒格台抢起盛酸马奶的囊打过去，走到贴身侍卫陶克陶慧的白色骟了的骒马旁，用左手将主上扶上

· 别勒古台 ·

马。

因为这件事，陶克陶慧被封为达尔罕，这样就产生了达尔哈特氏。因为哈出胡眼看着马镫被割断了，而受到了训斥。

泰亦赤兀惕人抓住了伯勒格台，把他捆绑在勒勒车上。夜晚人们入睡以后，伯勒格台背着勒勒车逃了回来。

圣主愠怒，说："在与泰亦赤兀惕部厮打的过程中，伯勒格台似乎藐视了我，用左手扶我上马。"

对此，哈撒儿和伯勒格台私下议论："主上政令不公啊。没有哈撒儿的神射、伯勒格台的角力，五色族属、四围夷邦哪能被征服呢！"

主上听到了这些议论，打算压一压他们的傲气，于是装扮成一个潦倒的老人，手持角弓寻买主。走着走着遇见了哈撒儿和伯勒格台，他们二人说："平时没见过这么个人啊，这是哪儿来的老头儿？"

老人道："我是一个以卖弓为生的穷人。"哈撒儿、伯勒格台用轻蔑的口气问："你是想让我们买你的弓吗？"

·马镫·

·夫妇并坐图·

老头说："好与赖，扣上弦才能知道啊！"伯勒格台拿起弓，上不动弦。老人弯弓扣上弦，交给了哈撒儿。哈撒儿挽弓也没能挽动。

没想到老人居然变成了一个骑着白唇青色骡子的白发老者，挽起黄角弓，搭上黄金箭，一箭射碎岩石。老人道："圣主名叫哈布图哈撒儿、搏克伯勒格台的弟弟就是你们俩了？俗话说，说大话比不得大口吃东西！"教训完走了。兄弟俩很是惊恐，感觉到一定是主上在发威，敬佩地说："主上的威严竟如此呀！"从此再不敢乱议论了。

汪古惕部的巧匠镇国率领三十一个鄂托克奔向日落的地方，成了敌对者。主上和哈撒儿去追上了他们。

哈撒儿乘了主上的擅长奔跑的坐骑，引导儿子陶克唐噶巴特尔围堵杀敌，坐骑飞奔简直跑成了汗血红马，终于降服了他们，押着他们凯旋。圣主赏赐给哈撒儿一个名字叫博里巴拉的妇人。

其后，巧匠镇国送给神明睿智的可汗一座琉璃塔，圣主把自己的女儿阿勒阿拉坦公主赐给了他。

布里亚特人斡罗西古习从贝加尔湖畔捉得一只鸦鹘奉送给主上，主上让他管领了布里亚特。

后来，主上带着猎禽从兀鲁回河放猎到斡累河，主儿勤部的完颜可汗看见了他，但避而不见。主上回去后很气愤，发兵征讨。

斡累河没有渡口，哈撒儿的孙子南都锡拉罕察胡青台吉将万匹骟马嚼子的铁环用绳子联结起来，大声呼叫着渡过了河。围困对方的城池，勒令他们缴纳一万只燕子和一千只猫。给燕子系上火绳，给猫拴上棉球，点着后放了它们，燕子回巢，猫儿上房，靠燕子与猫引发大火，夺取了整个城池。

完颜可汗惊慌失措，说："这是猫还是精灵？"后来，圣主娶了完颜汗的女儿扎拉海为哈屯。据说这位哈屯寿命不长，不久就死了。

圣主向日出的方向往高丽国行军，遭遇乌讷根江洪水泛滥，主上与大军只好驻跸江边。主上遣使代表自己传令，使者到后传令："圣主是为征收贡赋而来。"高丽之主布哈察干可汗将自己名叫忽兰的女儿奉献给圣主，连同虎帐与两户高丽人陪嫁，一起用船送了过来。圣主下令叫高丽主布哈察干可汗及以下大臣官员统统渡江过来，下令道："你们给我缴纳贡赋才可以往来过江。"对方接受了命令。

圣主要与忽兰哈屯并枕完婚，大臣齐奏道："在外并枕完婚不合风俗，还是回去举行接受侍奉典礼为好。"圣主不听，并枕完婚了，从这时起，在高丽国居住，时间达三年之久。

在这期间，圣主令阿尔哈孙浩尔赤在本土监国，本土派遣阿尔哈孙浩尔赤为使臣探望圣主，并询问何以幸临驻跸此地。阿尔哈孙浩尔赤换乘三匹枣红马三昼夜走了三个月才能走完的路程，来到圣主的身边叩请："圣主安好？"主上回答："很好！"主上接着问："诸大臣、诸哈屯、诸儿子以及举国民众可都安好？"阿尔哈孙浩尔赤回复道："您的哈屯们及儿子们都安好，但举国民众可不知您的境况；您的妻儿都安好，但偌大个国家却不知您的境况；张嘴就能吃到鱼皮，但举国不知您的境况；渴了就能喝到雪水，但全体蒙古人却不知您的境况。"

主上没听明白他说的是什么，让他再说一遍。阿尔哈孙浩尔赤回复："说在树杈上鹰隼筑窝巢生了蛋，以为树杈安全，却被鸳鸟袭窝巢吃了蛋雏。说湖泊苇塘里鸿雁生了蛋，以为芦苇安全，却被贼禽袭窝巢吃了蛋雏。请福寿双全的主上明鉴！"主上问大家："你们听懂浩尔赤说的话了吗？"诸大臣说："没听懂！"主上则听明白了，说："所谓的树杈指的是我的伙伴你们啊，鹰隼指的则是我；鸳鸟指的是高丽人的国啊，蛋雏指的是我的妻儿；窝巢指的是我安宁的朝廷啊，湖泊苇塘指的是我庞大的国啊；鸿雁指的是我本人，贼禽指的是高丽人的国啊；蛋雏指的是我的妻儿，窝巢指的是我安宁的朝廷啊。"说罢，调转马头回国了。

圣主在回国的路上说道："我和布尔特格勒津哈屯童年就结缘，如今羞于面对她，进了家门家也会变得狭窄。没有跟家里人商量，想到她有可能在外人面前动怒发威，我心里就感到羞耻害怕。九位元帅中有谁前去说个话呀？这事很重要。"

扎剌亦儿人木华黎国王应命前往，见了布尔特格勒津哈屯，叩拜后入座。哈屯问："我的主上可安好？你回来干什么？"

木华黎回复：

"主上命我前来转达旨意：
违背了新立朝政的规章，
任由性情放纵了自己，
没有听从诸臣的劝告，
贪图于虎帐中的姿色容颜，
圣上与忽兰结缡了。"

布尔特格勒津哈屯说：

"汗主的神威所在，
是有胸怀的蒙古人的自由；
圣主的神威所在，
是大地上所有人的自由。
江畔岸泽鸿雁甚多，

主上猎射得拇指发胀，
就由他去吧；
广袤国土女子如林，
主上要寻访接纳，
就由他去吧。
湖畔苇塘鸿雁甚多，

· 木华黎肖像雕塑 ·

主上猎射得拇指发胀，

就他去吧；

泱泱大国女子如林，

有福分的主上要寻访接纳，

就由他去吧。

善射的猎人能一箭双兔，

好男儿若情愿可以同娶姊妹。

有道是烈马脊上喜备鞍，

女人身上爱拥男。

多了不一定是坏事，

少了不一定是好事。

衣服双层可御寒，

绳子三股抻不断。"

圣主携忽兰哈屯归来时，有人报告说："阿尔哈孙浩尔赤喝了重酿的酒后，佩带着主上的金箭筒住在了别处。"圣主召见孛斡儿出和木华黎道："你们去把阿尔哈孙浩尔赤悄无声息地杀了！"

孛斡儿出与木华黎去了阿尔哈孙浩尔赤那里说：

"阿尔哈孙浩尔赤你听着，

· 蒙古汗国时期蒙古人使用的锅和锅架 ·

你喝醉了重酿的酒，

佩带着主上的金箭筒在外与人过了夜，

因此之故叫我们来将你就地正法！"

阿尔哈孙浩尔赤道：

"俗话说，

要让被杀的人留声，

将死的人留言。"

听了这话，两位大臣住了手，让他把长羽箭和酒袋夹在腋下，将嗜若性命的酒端在胸前，押着他去见圣主。

圣主正在睡觉。孛斡儿出与木华黎从门外禀报说：

"大明宫里已经洒满阳光，

该叫醒您的儿女们了；

犯罪的人和送他上路的人已经到来，

请补充下达您圣明的旨令吧。

明亮的玉殿里已经阳光照耀，

该敞开您的户牖家门了；

把受难的人给您带来了，

请下达您玉音圣旨吧！"

主上脸色转好，让阿尔哈孙浩尔赤进门站在他的面前。

主上不言语，孛斡儿出与木华黎也不作声。阿尔哈孙浩尔赤向前说道：

"喜鹊用七十种喉音鸣叫时，

远征边境的贤人们驰奔归来了，

而我还未来得及说出一个字的音节；
长寿的我主怒了，
而我仍来不及发出半个字的话音。
从十岁开始奉护您的金箭筒，
学习您的谋略智慧，
没能戒除顽劣的秉性，
贪酒误事是真的；
虽贪酒误事带出您的金
箭筒，
但没存慕高骛远的
用心。
二十岁就开始奉护
您的御用箭筒，

·蒙古军队盔帽·

学习您的善辩智慧，
未能改变耍滑的性格，
贪浆误事是真的；
虽贪浆误事带出您的吉运箭筒，
但没存贪高谋远的用心。"

主上听后说：

"凭着自己能说会道救了自己的性命，
我的阿尔哈孙浩尔赤；
靠了自己巧言花语救了自己的性命，
我的阿尔哈孙浩尔赤！"

赦免了他的死罪，并公示于众。

圣主征服汉儿国，占据了金朝可汗的地盘。西夏主顺可汗知道后，大惊失色，派遣伯颜萨尔塔噶尔的儿子额热多尔东为使，前来许诺："做您的右翼，缴纳差赋！"这位使臣奏事完毕，在与主上告别之际说："圣主真乃天子也，哈屯主上也比我们的哈屯强，夜间不用秉烛都能光彩照人。"说罢回去了。

原来圣主已迎娶泰亦赤兀惕的雅布嘎的妻子孟古伦高娃为妃。雅布嘎听了多尔东的这番话，向主上禀报说："我的妻子孟古伦高娃比不上汉人张家斯钦斡米岱的女儿、西夏顺可汗的古尔伯勒津高娃哈屯的容颜，她的光彩那才叫夜晚不用秉烛呢，请主上娶她如何呢？"

主上遣使对顺可汗下令："我要征讨西域，你要出兵跟从！"顺可汗向使者表示："都没有占据呢，怎么就称了可汗？既然称汗了，还要友邦相助吗？"拒绝出兵。主上听了这番话，发誓道："只要我还活着，就绝对不放过你！"

（成吉思可汗）杀死西域的苏丹可汗，征服了这个国家。据说这次出兵，随军偕行的是

〉花剌子模〈

蒙古文史料称"撒儿塔古勒"，汉文史料称"回回"。地理区域在中亚西部，位于阿姆河下游、咸海南岸，范围包括今乌兹别克斯坦及土库曼斯坦两国。在塞种人的语言里解释为"太阳的土地"之意。12世纪，这里建立了花剌子模王朝，强盛时期囊括中亚河中地区、霍拉桑地区与伊朗高原大部。

在1219年至1221年，蒙古集结重兵攻打花剌子模，是"蒙古第一次西征"的开始。花剌子模的苏丹摩诃末在逃难中病死，扎兰丁即位。1231年春，战败的扎兰丁往更西方的高加索地区逃逸，被杀。花剌子模灭亡。

忽兰哈屯。

后来，依从前的福荫，全知全能的上天在圣主的宝玉盏中赐予甘泉醇酿。诚惶诚恐的圣主奉酒品饮，四位弟弟奏请："启奏明鉴，有道是'兄若有十，弟受其四'。今主上享用其多，看在兄弟一场的份上，把其余的赐给我们吧。"圣主对弟弟们说："当初我出生的时候，右手中即握有龙宫奉佛祖之命授予的玉玺。如今全知全能的上天又在玉盏中赐满甘泉醇酿。由此我联想到我应该就是应天承命的尊主。如今你们想喝就喝吧，给！"四位弟弟接过去喝，酒虽入口却咽不下去。四位弟弟起身跪拜谢恩说："兄长是应天承命的主，而凡俗的我们与你相争是我们错了。我们就当个承应间里公务的那颜吧，请主上品用！"于是叩首敬酒。主上喝完神水，感觉浑身温热，因此下令道："出生时奉佛命遇龙王来赐玉玺，如今，全能的上天又在我的玉盏中赐甘泉醇酿。由此看来我就是奉天承运的君主了，那我们就去征讨西夏吧！"

顺可汗有一条

> **解析** <

在这段出现的说法与史实不符。据《蒙古秘史》载，晃豁坛七兄弟合伙，是因为成吉思可汗不曾赐封七兄弟当中的阔阔出帖卜腾格里为汗国的别乞。为此，他们凭萨满教在蒙古大众中的特殊影响，欲造成吉思可汗的反。他们首先对成吉思可汗的弟弟哈撒儿大打出手。又派近侍莫钦进谗言。文中本来写得很清楚是"携也遂哈屯"，可是偏偏又出现了忽兰哈屯。可见文中所述当属乌有。

黑鼻梁毛黄色的狗，名叫胡伯里克，据说能看征兆预知未来。那只狗叫声"平安无事"，就意味着没有敌人；如果是长嚎不停的话，则意味着有敌情。圣主竖起九旒白纛远征三年，那只狗感知到主上已发兵，居然嚎叫了三年。当狗老了，不能嚎叫了的时候，顺可汗以为无征兆了，于是就高枕无忧，未做必要的防备。

在其后的狗儿年，圣主令步兵启程先行，自己则于猪儿年携也遂哈屯御驾亲征。圣主到达穆纳山口眺望形胜说："乱世可以栖居，太平可以驻牧，如今到来唯有麋鹿逸息。"

有一只叫声不祥的猫头鹰落在树枝上，主上让哈撒儿射之。哈撒儿射箭时，猫头鹰飞起，恰巧喜鹊飞来被射中翅膀。当时主上刚说"且慢"，还举起了弯刀。月鲁那颜进言："常言道，好枝坏桠，请主上明断！"

主上准奏，下达了命令。

　　不久之后，孛斡勒莫勤上奏："您的弟弟倔强的哈撒儿在喝酒时，拽了忽兰哈屯的手。"主上派他去哈撒儿那里取花雕翎回来。倔强的哈撒儿道："虽身为全体之主，需要花雕翎时还得仰仗于我。"说着把花雕翎递了过来。孛斡勒莫勤以为是压在库房中的旧物，没拿就回来了。主上又叫孛斡勒莫勤去哈撒儿处，让哈撒儿射一只骨顶鸟拿回来。哈撒儿看到有骨顶鸟飞过，问："那只往回飞的就是，射哪个部位？"孛斡勒莫勤道："射黑黄之间。"哈撒儿射断了骨顶鸟

·萨满服饰·

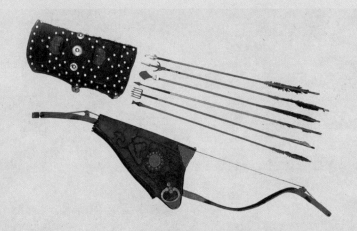

·蒙古弓箭·

的鼻根，鸟落了下来。

莫勤说："本来是要把花雕翎拿给汗的，可这是骨顶鸟，而且沾了血。"没拿便回去了。为此主上愤怒，说："从前你与晃豁坛氏串通多有往来。后来让你射杀多嘴多舌的猫头鹰，你却杀死了花舌巧嘴的喜鹊，如今又不给花雕翎。"于是派四个人把哈撒儿看守起来，以鹿等野兽的肉为食，捆押在一个有栅栏的井里。

可汗在杭爱山围猎，下令："有苍狼白鹿入围，不得杀戮！有骑灰青马的卷发黝黑的人入围，则要生擒！"遂遵旨放走了入围的苍狼和白鹿。骑灰青马的人果然来了，活捉后问他从哪里来，他拒不作声，人们就把他送到了主上的面前。

主上问话，他回答说："听说蒙古的圣主已经发兵，顺可汗便派出了侦探。我骑的是叫忽思包勒德的灰青马，凡长腿的马都追不上它。如今被追上，它四蹄都

· 元人秋猎图 ·

打战了。被称为'鳖首不可战胜的人'的哈剌布统就是我呀！如今鳖首为人所败，鳖首也真的面临危险了。"圣主问他："听说你的可汗神通广大，是吗？说实话！"布统说："我的可汗清晨化作有毒牙的黄花蛇，那时抓不得。中午化为斑斓虎，那时也抓不得。夜晚则化成黄肤色帅哥，同哈屯戏耍，那时候可以抓他。"于是赦免了他。

到了西夏人的边境，顺可汗手下望族出身的黑咒婆迎向蒙古军，咒死了战马。苏布格台巴特尔奏报主上："这个老妪很恶毒，咒死了很多战马，请将哈撒儿从大札撒中释放出来吧。"主上准奏，让哈撒儿骑上自己的叫吉古尔图的黑鬃黄马，去射死那老咒婆。

因哈撒儿身子被捆绑，手脚疼痛，只是射中了那个老妪的膝眼。老妪侧身倒下时，骂道："哈撒儿，你的儿子的后裔都将死于创伤，女儿的后裔都将被丈夫抛弃。"骂罢死去。

顺可汗化为蛇时，主上变成了凰；化为虎时，主上变成了狮子；化为帅哥时，主上变成了老者并俘获了他。

顺可汗被俘后说："不要杀我，我会摘下启明星戬除敌人，摘下彗星消除灾害。杀我则难保你的生命，不杀则害及你的后人。"主上没有理会他的这番话，射他、砍他，他却刀剑不入。顺可汗说："你们砍射都不能伤及我，我的靴勒里藏有叠成三折的、有斑纹的、鹿尾毛编成的肚带，你们用它来绞死我吧。"取出那条绳子要勒死他时，他又说："如今你们绞死了

·蒙古族毡炉·

我，但愿将来你的子孙也和我一样被绞死。还有，对于我的古尔伯勒津高娃哈屯，你们要从指甲起细细地搜遍她的全身！"说罢被绞死了。

圣主纳古尔伯勒津高娃哈屯为妃。对于她的姿色从圣主到全体国人无不惊叹。古尔伯勒津高娃哈屯则说："我的容颜已为征尘所蔽，否则会比现在更美丽，如果洗濯沐浴了啊，一定会焕发出原有的美艳。"听了这话，圣主信以为真，于是让她去沐浴。

古尔伯勒津高娃哈屯遂往水边，趁此机会在一只铁脚雀尾羽上写了信息传递给她的父亲："我将投水自尽，不要顺流而下，而要溯水流而上寻找我的尸体！"她的父亲按其遗嘱，溯流找到了她的尸首，让每个人运来一皮袋土填埋，把她安葬了。葬地被称为"帖木儿斡罗忽"，河被称为"哈屯高勒"（即黄河）。

他征服了西夏，杀死顺可汗，攻破图尔莫该（灵州）城，纳古尔伯勒津高娃哈屯为妃。

在这次征行中，主上避暑于六盘山，患热病于图尔莫该城。就在黄金生命将要结束之际，降下了圣旨：

我强健的四位弟弟，我骏骥般的四个儿子，

以及五色族属四国夷邦的人们你们听着：

抻细了镶带，蹬热了镶铁，

当我寻机征行扩收土地人民，

辛勤治理大国的时候，

还没有经历过如此的痛苦。

乘骑白色骟骡，身披毛毡大衣，

当我寻机扩收土地人民，

辛勤治理庞大的国家的时候，

真不知道还会经历如此的痛苦。

难道这会是前世欠下的债需要偿还了吗？

主上继续道："我的诸位大臣，你们一起跟我死吧！"

苏尼特部的赛音吉鲁格台巴特尔上奏：

"您玉成的江山会短寿的，

您心爱的布尔特格勒津斯钦哈屯会殉节的，

您的哈撒儿、伯勒格台两位弟弟会忧伤的，

您扩收治理的众国会分崩离析的。

您完善的朝政会短寿的，

您恒固爱恋的布尔特格勒津哈屯会殉节的，

您的窝阔台、拖雷二子会变成遗孤的，

您竟还中建立和治理的众国会易职换主解体的。

您大山般稳固的国家会短寿的，

您绝配的布尔特格勒津斯钦哈屯会殉节的。

您的斡出胡、哈出胡两位弟弟会忧伤的、
您与部众所治理的众国以及高山密林都会分崩离
析的。
您空郁的峰峦将在苦痛中被移动、
您的后妃子孙们将会含悲洒泪络绎前来、
就请您对他们留下嘉言善训吧！
您沉寂的高峰将朝太阳的方向被移动、
您的儿女们将会号啕痛哭络绎前来、
就请您对他们留下嘉言善训吧！

黄金史纲

·乌兰布统草原·

新生的身体是难以摧毁的，
如果摧毁了想在涅槃之境重逢会成真吗？
健康的身体是难以毁坏的，
如果毁坏了想在安乐之境重逢会成真的吗？
为您的遗孀布尔特格勒津斯钦哈屯，
为您的遗孤窝阔台、拖雷二人，
请为他们指示水源吧，
请为他们指明道路吧。"

听到这些话，成吉思可汗降旨道：

"那么现在就不要死了，给我的遗孀布尔特格勒津斯钦哈屯，给我的遗孤之窝阔台、拖雷二子指出荒野中的水源吧，给他们指明谷中的道路吧。"又谕令："玉石是没有表层的，镔铁是没有里层的，娇生的身体是无常的，你们要百折不回地前行，常思意志坚强，百业创始，最终完成才算是达到了事业的顶峰。说真话、讲诚信的人心地忠贞，要让一己意愿与众人谐和。移行走向坟茔的身体现在真的要归你们了，作为后世的你们要好生维护好朝政啊！忽必烈小儿他语出不凡，你们就遵循他的话行事吧！"降下这最后一道圣旨，于丙（丁）亥年在他六十七岁的七月十二日驾崩。

驾上勒勒车，套上骖骓服，奉送大汉的金枢归故土。苏尼特部的吉鲁格台巴特尔赞颂主上道：

"化作翱翔的鹰翼远去了吗，我的主，
成为辚辚辗行的车上的装载物了吗，我的主，
化作轻盈旋飞的鹰翼远去了吗，我的主，
成为漫游漂泊的车上的装载物了吗，我的主，
化作鸣啾的雀翼远去了吗，我的主，
成为伊轧疾驰的车上的装载物了吗，我的主！"

到达穆纳山一带的暄松沼地的时候，车轮陷入泥淖不能动了，套上五色良骏也未能拽脱，反倒把马匹累垮了，举国都为此忧愁。

苏尼特部的吉鲁格台巴特尔上前叩首奏道：

"我的英杰圣主，您奄弃了您的泱泱大国归去了，

您生前建立的稳定常规化了的朝政，

为首创建的国家、您的后妃及所养育的子嗣。

您所诞生的山岳河川就在前方啊。

您依正统建立的朝政，强力创建的国家，

所亲所爱的后妃子嗣，所居黄金宫阙就在前方啊。

您巧妙建立的朝政，所恋所亲的后妃子嗣，

生前治理的众多国家，至亲姻戚们就在前方啊。

您的如绿色植物般繁盛成长的国家和百姓，

沐浴净身的水与雪，众多的蒙古人民，

您所降生的斡难河及岸边的迭里温孛勒塔黑的土地河川就在前方啊。

您的由枣骝公马顶鬃编制的旗纛，战鼓号角和鹰哨，说多种语言的百姓，

克鲁伦河及阔迭额阿鲁兰之地就在前方啊。

您创业之前所结缘的，您的布尔特格勒津哈屯、不儿罕山及其土地、河流、营盘，

孛斡儿出、木华黎两位挚侣，庞大完善的朝政及其典章制度就在前方啊。

凭造化启迪而结缘的您的忽兰哈屯，胡琴、潮尔以及旋律乐歌，共一统的大国，惯熟的山峰土地、水流就在前方啊。

您将温暖的哈儿固纳山，美丽的古尔伯勒津哈屯，众多的异域及西夏国，热爱的故土蒙古国，就这样舍弃了吗，我的主啊！

既然您金贵的灵魂已离去，只好护送您玉宝般的

遗躯回归故里了。

让您的布尔特格勒津哈屯瞻仰，把您奉还给您的全体人民！"

奏毕，可汗怜悯垂赐，灵车辚辚启动，全体欢然欣喜。灵柩到达神灵的所在地。万世永隆的陵阙在那里建起，成为护佑大宰贵臣们的支柱和全体人民崇敬的尊神，成为犹如北极星般的人们永远祭奠的八白室。

当年圣主途经此地时，曾经对此地的形胜赞赏有加，因此之故，如今护送灵柩的勒勒车轮深陷于此。有人说圣主曾经对普土全国谕告，要将穿过的袍服、住过的行帐、掌钉的毡靴冢葬于此地，而将真身据说安葬在了布尔汗哈勒屯山；也有人说安葬在了阿勒泰山之阴、肯特山之阳的成为大禁地的地方。

其后过了三年，即在牛儿年，窝阔台可汗四十三岁，在克鲁伦河阔迭额阿鲁兰之地即位。其后的第十三年，即在牛儿年，五十岁，在斡帖古忽兰之地崩。可汗出生于羊儿年。

其后的第六年，即在马儿年，忽鲁克可汗（即贵由可汗）四十二岁，在

〉成吉思可汗〈

成吉思可汗，蒙古乞颜部孛儿只斤氏，名铁木真，庙号元太祖。蒙古汗国创始人、首任可汗。生于公元1162年。因其父亲被杀，所部解散。经不断努力，1189年前后，铁木真被推举为蒙古乞颜部首领——汗。后来经过多次战争，最终统一蒙古。1206年，蒙古贵族们在斡难河（今鄂嫩河）源头召开大会，诸王和群臣为铁木真上尊号"成吉思可汗"。

黄金史纲

贵由（1206—1248年），蒙古汗国第三任可汗，元太宗窝阔台长子，参加征伐金朝和第二次西征（即长子西征）。在他即位之前，由其母脱列哥那哈屯监国。元世祖忽必烈追尊贵由庙号为定宗，谥号简平皇帝。

本书作者将贵由误写为忽鲁克可汗。

斡尔木格图之地即位。次年，即羊儿年，四十三岁，在三西乞之地崩。可汗出生于牛儿年。

其后的第五年，即在猪儿年，蒙哥可汗四十五岁，于四月初三日在克鲁伦河阔迭额阿鲁兰之地即位。在位九年，在五十四岁时的羊儿年，于青长布（即四川合州）之地崩。可汗出生于兔儿年。

其后的第六年即猴儿年，希图斯钦可汗（应为世祖薛禅可汗）在他四十岁时在上都即位。在他八十一岁的马儿年春正月二十二日，在大都崩。可汗出生于蛇儿年。

其后就在本年，即马儿岁，乌力吉图可汗三十岁，于四月初十日在西吉尔诺尔之地即位。

蒙哥（1209—1259年），大蒙古国第四任可汗。为元太祖成吉思可汗之孙、拖雷长子，其二弟即元世祖忽必烈。曾参加拔都统率的"长子西征"，活捉钦察首领八赤蛮，进攻俄罗斯等地。即位后主要致力于攻灭南宋、大理等国。并派遣旭烈兀西征西亚诸国，发兵并亲征，启动灭南宋的战争。1259年病逝于合川东钓鱼山下。元世祖忽必烈追尊蒙哥庙号为宪宗，谥号桓肃皇帝。

·元太宗窝阔台·

〉窝阔台〈

　　窝阔台（1186—1241 年），大蒙古国第二任可汗，是成吉思可汗与孛儿帖的第三子。公元 1219 年，在西征开始之际，成吉思可汗指定窝阔台为汗位继承人。公元 1229 年秋，蒙古宗王和重要大臣举行大会，推选新可汗。大会举行了40 天，经过与会贵族的再三敦促、劝进，窝阔台终于服从其父的遗旨，采纳众弟兄的劝告，继承汗位，是为元太宗。

· 元世祖忽必烈 ·

〉忽必烈〈

忽必烈（1215—1294 年），蒙古族政治家、军事家。托雷第四子，元宪宗蒙哥弟。蒙古汗国的第五任可汗，同时也是元朝的开国皇帝。蒙古尊号"薛禅可汗"。忽必烈制定中书省、枢密院、御史台三位一体的建制来加强了中央集权。并制定了大元一系列法律法规以及从中央到地方的行政机构，奠定了之后的基础。

·元成宗铁穆耳·

〉铁穆耳〈

　　铁穆耳（1265—1307 年）。元世祖忽必烈之孙、皇太子真金第三子。至元三十一年（1294 年），在大臣伯颜等人的支持下即皇帝位于上都大安阁。铁穆耳在位期间，专力整顿国内军政。采取限制诸王势力、减免部分赋税、新颁律令等措施，使社会矛盾暂时有所缓和。晚年患病，委任皇后卜鲁罕和色目人大臣，朝政日渐衰败。大德十一年（1307 年）驾崩，庙号成宗，谥号钦明广孝皇帝。蒙古汗号"完泽笃"。

〉海山〈

海山（1281—1311年），1304年被封为怀宁王。1307年元成宗无嗣而崩，爱育黎拔力八达在大都发动政变，除掉了成宗皇后伯岳吾·卜鲁罕及她试图拥立的安西王阿难答，海山则自漠北率军南下，取得皇位继承权，并登基于上都。作为报答，他册封爱育黎拔力八达为皇太子。

海山在位期间采取了一系列改革措施并兴建元中都。1311年初，海山驾崩于大都，皇太子爱育黎拔力八达继位，海山的所有改革措施未收成效便戛然而止。海山去世后，庙号武宗，谥号仁惠宣孝皇帝。蒙古汗号"曲律（胡鲁克）"。

·元仁宗爱育黎拔力八达·

〉爱育黎拔力八达〈

　　爱育黎拔力八达（1285—1320 年），在位时间为 1311 年 4 月 7 日—1320 年 3 月 1 日。其兄元武宗封他为皇太子，相约兄终弟及，叔侄相传。在位期间，减裁冗员，整顿朝政，恢复实行科举制度，力图中兴走向衰微的皇朝。在位九年，死后并未传位于武宗之子和世㻋，而是传位其子元英宗硕德八剌。庙号仁宗，谥号圣文钦孝皇帝，蒙古汗号"普颜笃"。

〉硕德八剌〈

　　硕德八剌，（1303—1323年），延祐三年（1316）被立为皇太子。七年正月仁宗死，即帝位。他采取的一些广泛起用汉族地主官员和儒士，举贤任能的改革性措施遭到一部分保守的蒙古贵族的反对。1323年八月初，尚存的铁木迭儿余党、御史大夫铁失阴谋发动政变，密遣心腹去漠北，约晋王也孙铁木儿为援，许以事成后立之为帝。当月五日，硕德八剌、拜住由上都启程返京，途中宿营于上都西南二十里南坡店，被铁失等刺杀，史称"南坡之变"。

· 元泰定帝也孙铁木儿 ·

〉也孙铁木儿〈

　　也孙铁木儿（1293—1328年），他早年承袭父亲的晋王爵位，镇守漠北，1323年发生南坡之变，元英宗被弑，晋王也孙铁木儿被拥立为皇帝，改元"泰定"。

　　他在位时能守祖宗之法，天下大体稳定，号称"治平"。1328年，也孙铁木儿去世，发生皇位之争，他的儿子阿速吉八在上都即位，而他的从侄图帖睦尔（元文宗）在大都先期即位，图帖睦尔夺得皇位，也孙铁木儿被视为"自立"的非法君主，没有获封庙号、谥号与蒙古汗号，史书以其第一个年号称其为"泰定帝"。

·元天顺帝阿速吉八·

〉阿速吉八〈

阿速吉八，又作阿里吉八（1320—1328年），1328年在位。他是元泰定帝也孙铁木儿与八不罕皇后所生之长子，1324年封为皇太子，1328年九月在上都被权臣倒剌沙拥立为帝，与在大都称帝的元文宗图帖睦尔对抗，发生两都之战。一个月后上都一方战败，阿速吉八不知所终。无庙号、谥号与蒙古汗号。

·元明宗和世瓎·

〉和世瓎〈

　　和世瓎（1300—1329年）。庙号明宗，谥号翼献景孝皇帝，蒙古汗号为"呼图克图"。元武宗长子，元文宗之兄，元惠宗之父。1329年8月30日在往大都途中突然死亡，在位仅6个月。

·元文宗图帖睦尔·

〉图帖睦尔〈

图帖睦尔（1304—1332年）。两次在位，第一次在位时间为1328年10月16日—1329年2月27日；第二次在位时间为1329年9月8日—1332年9月2日，在位时间共计四年，庙号文宗，谥号圣明元孝皇帝。

在位期间在大都创建奎章阁，命儒臣进经史之书，考历代帝王之得失，仿唐、宋会要体例，编修《经世大典》。但丞相燕帖木儿独专朝政，奢靡无度，吏治日趋败坏。

·元宁宗懿璘质班·

在位十四年，在他四十四岁的羊儿年正月初八日在大
都崩。可汗出生于牛儿年。

其后，就在本年即羊儿年，海山忽鲁克可汗在他

·元惠宗（顺帝）妥懽帖睦尔·

二十七岁时即位。第五年即猪儿年在大都崩。可汗出生于蛇儿年。

就在这一年即猪儿年，爱育黎拔力八达布彦图可汗三十七岁即位。在位十年。在猴儿年即在他，四十七岁时在大都崩。可汗出生于猪儿年。

就在这一年，即猴儿年，西迪巴拉格格很可汗十八岁，在大都即大位。在位四年，二十一岁时即于猪儿年在上都之南的木林额布出讷之地崩。可汗出生于鼠儿年。

这一年即猪儿年，也孙铁木儿可汗三十岁，在阔迭额阿鲁兰之地即位。在位六年，龙儿年在他三十岁的八月初六日于上都崩。可汗出生于蛇儿年。

就在这一年，即龙儿年。阿苏齐布在扎雅噶图可汗三十五岁时于八月十二日即大位。

次年即蛇儿年，呼图克图可汗从西方修道完成归来，正月十九日，三十岁即位。但是玉玺被夺，丞相被杀，敌对方派人前去迎接，呼图克图可汗在其其格图淖尔之地于四月初三日即位。当年八月初崩。

在之后的八月初十日，图卜帖木儿扎雅噶图可汗即大位。五年后即在黑猴儿年在他三十五时，在大都崩。

在这黑猴儿年的当月初五日，仁钦巴拉伊日察马拉可汗即大位。当月二十五日，在大都崩。

其后于黄猴年乌哈干图可汗在大都依照登基仪轨即大位。当时，女真族老人家里出生的朱姓儿子，有霓虹从室内升出。名叫拉哈和伊巴胡的两个人悟知其征兆，禀报可汗："此儿将来善则对可汗可能有裨益，恶则可能有损害，应当趁其尚幼灭掉他！"可汗不从。拉哈、伊巴胡二人叹道："哎！可惜了，今天不杀，以后小心让人家称量你的脑袋！"

当此儿长大成人后，让他镇抚左翼诸省民众，右翼诸省民众则让托克托噶、哈喇章二人掌管。其后，朱家、布哈兄弟二人在可汗那里进谗言说："隐瞒了

您的库数，好的都让他们贪了，最次的才送留给了可汗！"可汗命朱家去传令叫托克托噶、哈刺章来叩见。朱家半途而返，却禀奏："他们不来！"再让其传令，朱家以"他们还是不来"回奏。可汗愤怒，削了托克托噶、哈刺章的职，将全国交给朱家、布哈二人掌管。于是，朱家、布哈兄弟二人以征收赋税充实国库为名出走三年未归。可汗给守门人下令："朱家脚下太沉，他若回来，不许给他开城门。"

这一天，可汗做了个梦：敌方大军包围了城池，他很害怕，在城内跑了一圈又一圈，就是找不到突围的出路。跑到西北角，见有一处豁口。可汗舍弃自己的汗位，抛下所有的臣民，从那个豁口逃了出去。可汗请汉儿人为其解梦，看这个梦所预示的是好事还是坏事。明白人给可汗解梦说："这是要失去皇位的预兆啊。"据说后来可汗又命托托噶丞相解梦，托托噶说这是上上梦。依此梦境可汗到西北方向实地查看，果然有一处豁口，可汗很是害怕，心想莫不是假梦成真了吧？

后来，朱家、布哈二人运走一万辆车的货财，又运来三千辆车兵士。守门人不开门，他们给了守门人许多宝物进了门让兵士出来，径直围住了皇宫。可汗知道大事不妙，便抛弃三十万蒙古之众，携哈屯、儿子及少数十万蒙古人从那个豁口逃了出去。就在那个豁

口哈布图哈撒儿的后裔脱胡巴特尔的儿子脱莫洛胡巴特尔令其子哈齐忽鲁克率六十名旗手前来说："声名扫地不如头颅落地！"迎上前去与汉儿追兵展开搏杀，最终死去。传说这次哈撒儿的后裔援助了可汗的后裔，是报效可汗后裔的一个实例。他们出古北口，驻守于巴日斯浩特（即应昌），汉人的军队则在沙狐城驻守。

乌哈干图可汗的儿子毕力格图作法刮起暴风，下起骤雨，使汉儿人的军队和骟了的公马死亡殆尽。残

·阿斯哈图石林·

余的军队败退时，蒙古军尾随追杀到长城。在那里逃散的军队以箭杆作柴，却横死在了灶坑里。从此"汉儿出了野狐岭，狐尾都成了盔上的缨"这样的俗语便流传开来。

可汗喟然叹道：

"用各种珍宝建造的素朴而华美的大都城啊，

先可汗们幸临避暑的金莲滩啊，

清凉迷人我的开平上都，

温暖美丽我的大都京城。

每当清晨登高眺望那弥漫的烟霭，

乌哈干图可汗我的眼前总会出现拉哈、伊巴胡二位的身影。

虽已觉悟可惜呀，放弃了我可爱的大都，

生性昏庸的官员们只能远望国朝相顾无语了。

我就像被遗弃在牧地营盘上的红犊，只有望之落泪了。

用别样材质建造的八面白塔啊，

彰显大国声誉的用九种宝物建成的大都城啊，

彰显四十万蒙古人声誉的四门方正的大都巨城啊，

正当宣化弘扬佛法之际，

因沉湎于地狱之欢，在我的名声之下丢失了我可爱的大都。

四方的蒙古大众仰望矜夸的可爱的大都啊，

冬日里可以御寒的汗八里，

夏日里可以避暑的开平上都啊，

我的美丽的金莲川，

未听拉哈、伊巴胡二位的劝告后果堪悲啊。

圣手建造的竹宫啊，神明的斯钦可汗在这里驻营，

如今连同开平上都城一同被汉儿们席卷了啊，

沉湎于女色的坏名声落到了乌哈干图可汗我的名下了。

全体人民建造的美玉般的大都城啊，

可以抵御严寒过冬。

我可爱的大都城啊，

如今完全被汉儿们夺去了啊。

抵御善言的坏名声都落到了乌哈干图可汗我的名下了。

用多样技巧建成的大都宝城啊，沿河岸避暑的开平上都啊，

如今因过失被汉儿们占去了啊，

让江山坍塌的坏名声落到了乌哈干图可汗我的名下了。

汗主治理的大朝的显赫声誉，

H J S G

斯钦可汗奇迹般建起的可爱的大都，

全体人民景仰的支撑社稷的宝城啊，如今全部被汉儿们占领了，

我可爱的大都啊。

长生天之子成吉思可汗的黄金家族，

一切佛的化身斯钦可汗的宫殿，

一切菩萨的化身乌哈干图可汗我因失去上天的眷顾连同可爱的大都一起都失去了啊！

袖藏汗主的玉玺逃亡出来，从成阵的敌军中冲杀出来，

就命布哈特木尔为丞相留在城内吧，

祝愿汗主的黄金家族千秋万代受汗位。

如今因过失丢掉了可爱的大都，

出走的那一时刻还遗落了佛法经卷，

但愿光明睿智的众菩萨垂鉴于后世，

再回转定轮于成吉思可汗的黄金家族吧！"

其后过了四年乌哈干图可汗二十九岁，于狗儿年在应昌城驾崩。自从忽必烈斯钦可汗驻跸大都开始到乌哈干图可汗，历经一百零五年六个月，最终失去了这座城。

皇朝被灭亡之时，乌哈干图可汗的弘吉剌特氏哈屯已怀孕三个月。哈屯因藏匿到一口大瓮中而滞留。大瓮，蒙古语称"布通"，汉语叫"缸。"汉儿的朱洪华（朱洪武）可汗娶了她。哈屯自忖："如果满七个月后生产，他们会以为是敌人的儿子而加害于他，待到十个后生

产，他则会以视为己出的儿子而免遭不测。但愿老天爷保佑加三个月，赐予满十个月的宽限吧。"如此祈祷再三。果然上天保佑，在第十三个月上生了一个男孩儿。洪华可汗的汉人哈屯也生了一个男孩儿。当时洪华可汗做了一个梦，梦见有两条龙在争斗，而右边的龙被左边的龙打败了。他令卜者解梦。卜者说："不是两条龙，而是您的两个儿子。右边的龙是您汉人哈屯所生的儿子，左边的龙是您蒙古哈屯所生的儿子，他们都是有缘坐上可汗宝座的人。"洪华可汗听了卜者之言，心想："虽然都是我的儿子没有差别，可他的母亲是敌人的哈屯，她的儿子即了位总不是一件好事！"遂下令叫他出宫，在塞外给他建了呼和浩特城让他居住。从那时算起洪华可汗在位三十一年逝世。

汉人的第一个可汗是朱洪华可汗。他的儿子（应为孙）建文可汗（建文帝）即汗位。

四年后，弘吉剌特氏哈屯的

·明太祖朱元璋·

儿子永乐可汗，率自己的少数护卫与岭南的六千深山老林的人、滨水的三万女真人，以及在黑城的汉人征讨汉人的洪华可汗之子（应为孙）建文可汗，将他擒获，在他的脖子上加盖银印后驱逐了他。从此乌哈干图可汗的儿子永乐可汗占据了汗位。时人认为"真正的我可汗的子嗣登上了汗位"，故而号为"永乐大明"。

据说以拥立有功，赐六千深山老林中人三百大度，赐女真人一千六百大度。

· 明成祖朱棣 ·

永乐可汗在位三十二年崩，洪熙可汗在位一年，散达（宣德）可汗在位十年，京通（正统）可汗在位十四年，景岱（景泰）可汗在位十五年，天顺可汗在位八年，青花（成化）可汗在位二十三年，黄琪（弘治）可汗在位八年，景达（正德）可汗在位十六年，金德格（嘉靖）可汗在位四十六年，龙钦（隆庆）可汗在位六年，万历可汗在位四十六年，泰昌可汗在位一个月，天启可汗在位二十六年。洪华可汗至天启可汗，共二百五十七年。

妥懽帖睦尔儿可汗的儿子叫毕力格图可汗，当年即狗儿年在应昌府即位。九年后于马儿年崩。

· 明蒙边境的城堡遗址 ·

就在这一年乌斯哈勒可汗即大位，历十一年，在龙儿年崩。该年卓里克图可汗即大位，四年后即羊儿年崩。

狗儿年，额勒伯克尼古勒苏克奇可汗即大位。

·蒙古族银碗·

有一天，额勒伯克尼古勒苏克奇可汗行猎，猎获的兔血滴在雪地上，他看到后说："有没有长得皮肤如这雪一般洁白，面颊像这血一样鲜红的美丽女人呢？"卫拉特部的浩海太尉道："如此姿色的女人是有的。"可汗问："她是谁？"浩海太尉心里想，凡可以答复的就全答复了吧。于是回复："她就是您的儿子哈拉敖出克杜棱特穆尔洪台吉之妻乌力吉图洪高娃必吉，就是您的呀，您的儿媳就是如此美丽的人。"额勒伯克尼古勒苏克奇可汗垂涎于儿媳的容颜，对卫拉特部的浩海太尉说："能让我见所未见，能满足欲望的太尉你就去吧！"太尉奉可汗之命，来到必吉身边说："可汗命我来，叫我转告你他想亲眼欣赏你的美貌。"必吉面露愠色说："天地能合吗？哪有上尊的可汗要看儿媳容颜的？难道你的儿子哈拉敖出克杜棱特穆尔洪台吉死了吗？可汗变成了黑狗不成？"可汗却不理会，害死了儿子，娶了儿媳。后来可汗回另一个家，回去之后，浩海太尉前来请求封他为达尔罕。可汗答应了，叫他坐在屋的南侧。就在这时洪必吉派来的使者前来说："可汗的宴席正在冷却蒸馏酒，你一个人先来吧！"太尉来到她家，进了屋。必吉捧上一杯盏敬酒说："您让我低贱之身变得显赫，卑下之身变得尊贵，让必吉的称呼换成了太后。"在一个双腹一嘴的皮囊壶里盛酒水，一腹中盛重酿的酒，另一腹中盛水，自己喝水，给太尉喝酒，让他醉倒了。她为了给台吉报仇，落下对面的帷幔，铺了双层褥子扶太尉躺下，挠破了自己的脸，弄乱拽断了自己的头发，派人去请可汗过来。可汗来到之时，太尉酒醒已经逃走了。可汗赶上去厮杀，太尉射断了可汗的小手指。可汗杀死太尉，令苏尼特部的扎欣太保剥下太尉的脊背皮，交给了必吉。必吉把可汗的血和太尉的油兑在一起舔舐，然后说："以贪色杀死亲生儿子的可汗的血为祭品，同戕害自己主子的太尉的油凝结在一起，我一个妇道人家所能复的仇也就这样了，无论何时死都无所谓了。"

可汗明知是必吉设了圈套骗诱，想到是自己的过错也就没怎么样她。

可汗令太尉之子巴图拉青桑、乌格齐哈沙嘎二人掌

> **〉脱胡干可汗〈**
>
> 脱胡干可汗，又称坤帖木儿可汗、坤特木耳可汗。有人提出"衮特木尔"或"坤特木耳"是对"脱胡干"的尊称，因为"脱胡干"在蒙古语的意思是"锅"。24岁即位。1402年（壬午年）去世，终年26岁，在位3年。

〉斡累特木尔可汗〈

斡累特木尔可汗，1378年出生，1408年，30岁即位可汗；1408年，蒙古汗国的鬼力赤可汗去世，斡累特木尔被阿鲁克台太师拥立为可汗。抗击明入侵，坚持独立自主的政治战略。1411年，33岁时遭卫拉特首领马哈木突然攻击，身亡。

管四万卫拉特。在可汗在位的第六年，蛇儿年巴图拉青桑和乌格齐哈沙嘎二人害死了额乐伯克可汗。巴图拉青桑与乌格齐哈沙嘎二人率四万卫拉特叛离。蒙古的政权被卫拉特部篡夺了。

其后，脱胡干（衮特木尔）可汗就在这一年即大位，在位四年，于马儿年崩。

其后，斡累特木尔可汗即大位，在位十三年，虎

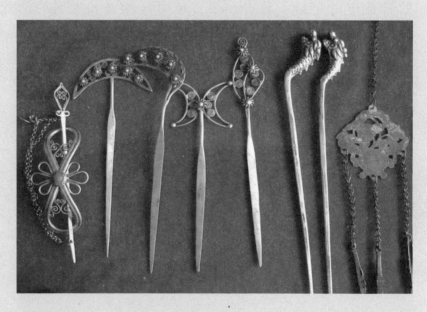

·蒙古族银饰·

儿年崩。

这一年，即兔儿年，德力布格可汗即大位，在位五年，于羊儿年崩。

就在这一年，乌雅拉可汗即大位，于在位的第十一年即蛇儿年崩。

也在蛇儿年阿岱可汗即大位。可汗为报前仇，率蒙古出征卫拉特。他在这次出征行军中命令翁牛特部察干图们的额色灰出战。

可汗说："虽然马惊跑得快，但是不如老马有耐力。"于是改派锡古苏台巴特尔王出战。卫拉特出战的是贵林赤巴特尔。他们二人曾经是安达，他们曾经有过对话，说蒙古与卫拉特如开战，你我二人必定会出阵的。贵林赤巴特尔说："当我射的时候，你不穿甲胄也会安全的。"锡古苏台巴特尔说："当我砍的时候，你不戴头盔也不会有危险的！"值此开战，锡古苏台巴特尔加穿了三层甲，乘骑线脸青骢马，擂鼓呐喊在博罗那海因竹格之地搏杀。贵林赤巴特尔搭箭射锡古苏台巴特尔，一箭射穿了锡古苏台巴特尔的前鞍桥、双层甲和护肩，使锡古苏台巴特尔仰

·蒙古兵士头盔·

·明蒙贸易图·

倒在了后鞍桥上。从斜刺里斡勒辉莫尔根射断了贵林赤巴特尔坐骑的黑护面。锡古苏台巴特尔道："命运就交给黄骠马的唇嚼和凹口刀的青刃吧，我们都为国而生就不要讲情面了！"一刀下去劈开了贵林赤巴特尔的戴八面双层头盔的头颅。乘胜追击杀死了太尉之子青桑，娶了他的妻子，并俘获了他的儿子脱胡干（脱欢）赐予阿鲁克台太师为他放羊。所说的卫拉特的朝政被蒙古夺取就是指这件事。

其后阿岱可汗举行了本部落会议。此时脱胡干太师正在放羊，遇见散会回来的两个人，问："会上商量了什么？"他们嘲讽说："因你没有参加所以没商量什么！"他们走后，脱胡干太师自言自语说："难道你们说的话，是上天的旨意吗？"然后摘下帽子向上天叩拜。

阿鲁克台太师对妻子说："这个脱胡干太师可真是好人的后代，今天给他梳头搔痒时你要回避！"她则对斡内哥哥说："今天没看到的身体，难道以后也看不到吗？"听了这话，脱胡干太师走到屋外，心里想："这不像是你们说的话，或许是上天的旨意！"跪地磕头，叩拜上苍。后来她还对斡内哥哥说："这个脱胡干太师说是好人家的后代，我看今后不要梳他的头发了，干脆要了他的命，或者把他赶走算了！"斡内哥哥愤怒了，仍不听，他的妹妹还在说："如果对以上说的话还这样愤怒，那你以后就得小心别让他称量了你的头！"当时，蒙古地方的小孩子们总是哽咽哭泣，牧马的人收马群时总是大声呼来喊去，狗狗们也总是长嗥不已。脱胡干太师知道这些都是恶兆，暗自向上苍叩拜。

为此，脱胡干的母亲哈屯对阿岱可汗说："你救了我的性命并让我当上了哈屯，而为什么把我的儿子脱胡干交给别人去使唤呢？要么杀掉他，要么把他赶走！"可汗答应了她的请求，让名叫赛拉木钦、赛木钦的两个人护送脱胡干回家乡。

脱胡干回去后，卫拉特、乌古伦（厄鲁特）、巴

· 蒙古包 ·

嘎图特、辉特四个万户会盟，当问脱胡干太师蒙古的
可汗、太师及以下的情况以及汉儿国的风俗情况怎么
样时，脱胡干太师回答："蒙古的阿鲁克台太师老了，
所有的事情似乎都出现了问题，箭囊变了，但佩法依
旧。善于执政的大臣被放逐在外，战马当家马骑，让
学识浅薄的人当政，重伤的马陷阵冲锋，让叛逃的人
治理国家。恰如破水罐里盛了酒，似没有公驼的驼群，
像没有牝牛的牛群，类没有儿马的马群，若没有公羊
的羊群。如果你们不相信我说的这些话，就当我是好
挑剔别人的、不怎么样的人吧！"于是，用计骗过蒙
古的使者赛拉木钦和赛木钦二人，说准备了良马、貂皮、

〉脱欢 〈

脱欢（？—1439年），又作脱胡干、脱懽、托欢，巴图拉青桑之子。明朝前期蒙古卫拉特联盟的首领，额森之父。其父巴图拉青桑逝世后，脱欢向明朝请求袭爵，明成祖封他为顺宁王。1433年，脱欢迎立脱脱不花为岱宗可汗，但仍然掌握实权。1434年，脱欢袭杀阿鲁克台。1438年，俘杀阿岱可汗，蒙古高原重新统一于卫拉特联盟手中。他将自己的"绰俄罗斯"部名改称"厄鲁特"，汉文书籍中写作"瓦剌"。1439年脱欢逝世。他的儿子额森继承了他的太师位，自称太师淮王。脱欢为额森后来的霸业奠定了基础。

猞猁皮以及珍贵货物，假言是脱胡干太师恭奉阿岱可汗的，带着这些礼品把他们护送过了边界。阿岱可汗看着这些礼物说："这就是让脱胡干太师回故里去的回报啊！"赛拉木钦与赛木钦二人禀报说："卫拉特那边丝毫没有产生怀疑，而且不顾路途遥远烦请脱胡干太师将贡品送了过来，中间仅仅耽搁了一天。"可汗欣慰地让人们参观礼品，并称："今后要好生优待异邦的人！"

尾随于脱胡干太师之后，有四万卫拉特军跟进袭击了蒙古，脱胡干太师就势俘虏了阿岱可汗。阿岱可汗道："我可是让你的母亲当了哈屯，而且也没有杀你啊！"脱胡干太师说："难道我的母亲没有丈夫吗？我本人没有父亲吗？"要杀可汗时，可汗说："可惜相信赛拉木钦、赛木钦两人的话了以致坐以待毙，一箭都未来得及射我就死了！"阿岱可汗在位十四年，马儿年死于卫拉特人脱胡干太师之手。蒙古一朝被卫拉特所灭，即指此事。

　　既已夺取了蒙古的朝政，脱胡干太师便掌握了大统。前去拜谒了主上的八室，暗示了"来取可汗大位"的意图。朝拜之后，做了可汗。脱胡干太师因承受了主上的恩惠而陶醉，忘情地大喊："你是有福荫的圣上，那我就是你有福荫哈屯的后裔！"撞倒了金柱子，刚转身要出去，脱胡干太师已经是口鼻流血了，出去后搂抱着马的脖子和颈鬃。"这是怎么了？"抬头一看，就见主上箭囊里的鹫翎箭正滴着鲜血，在众目睽睽之下颤动着。脱胡干太师说："雄强的圣上已显灵发威了，雌逊的福荫人的后裔脱胡干太师的生命就要结束了。芒刺在身，必须拔除，蒙郭勒津的孟克尚在，把他废除！"向自己的儿子嘱咐完之后，便死去了。（额森）遵照父亲的遗言，杀死了蒙郭勒津的孟克。

　　就在马儿年，岱宗可汗即大位。可汗即位后，和阿噶巴尔金吉农一起在明安哈拉的地方与卫拉特约战。卫拉特的军队先期到达明安哈拉。可汗与吉农两人的

·蒙古马·

军队驻阿勒胡西温。卫拉特的军队由额森太师、那布达拉斯钦、萨杜拉额克台、白达拉、阿拉克特木尔、哈丹特木尔、阿巴布尔吉、岱东、脱胡干胡木齐、罗巴希等太师们带领一千人星夜行军，手执长矛，如一股寒风般袭来。蒙古的兵士及其战马尽被驱散。可汗与吉农召集会议，说："我们和卫拉特万户讲和吧。"敖汉部的森德克钦斯钦来迟了，问："卫拉特那边来的太师是谁？"大家给他一一点了名，森德克钦斯钦说："天赐良机啊！先屠杀了他们，再派大军征讨其余的吧！"可汗、吉农制止了他并警告说："对讲和休战的人岂能说申斥就申斥呢！"森德克钦斯钦愤怒地以鞭敲打着自己白马的头说："该了结的不了结，该遇到的必然会遇到！"说罢扬长而去。哈古日楚克台吉对森德克钦斯钦说的话表示赞同。岱宗可汗很生气，下令："要死大家一起死，要活大家一起活！"

　　议和的会议结束后，卫拉特参加会议的人返回了。岱宗可汗向阿噶巴尔金吉农追索阿拉克奇胡特部名叫伊纳克察干的人，此人先前盗得名叫哈拉哈的，当时还披挂着铠甲的一匹马叛逃投奔到了吉农那里。吉农不答应。伊纳克察干挑拨说："公黄羊什么时候发情？公狍子的犄角什么时候掉落？吉农命我问可汗。"可

·蒙古族剪纸·

汗很是恼怒道："发情的公黄羊是愚蠢，问话的吉农同样愚蠢。"吉农听到这话，生气地说："你还知道我愚蠢啊！"结果，吉农抢去了伊纳克察干，发誓说："我再也不把你当成兄长了！"后来阿噶巴尔金吉农反叛，投靠了卫拉特。当时哈古日楚克台吉说："俗话说，勉强成婚的不兴旺，克制性欲的定上进；对外结交的难发展，稳住情绪的能升迁。成为至上可汗的身子会卑贱，成为首脑的躯体会殿后，真是可怕啊！"阿噶巴尔金吉农不听劝，派遣鄂尔多斯部的哈丹特木尔和永谢布部的讷黑特木尔二人作为使者，前去卫拉特部传话："我已经离开我的兄长岱宗可汗，要融入你们卫拉特四部中去了。现在仅有哈古日楚克台吉一个先锋了，我们杀掉哈古日楚克和森德克钦斯钦二人吧。"

对阿噶巴尔金吉农的话卫拉特方面没有响应。那布达拉斯钦握拳坐着说："小孩子家他知道什么！"卫拉特的太师、那颜们回话："吉农你想入伙跟我们，那你就当可汗，把吉农的称号给我们算了，如果你能同意，那我们合伙就合伙吧！"使臣回来把这些话全部转达给吉农，吉农表示同意，离开兄长岱宗可汗，投奔卫拉特部去了。

吉农与卫拉特不合兵袭击岱宗可汗。举火时吉农下令："我

·蒙古族金器·

的兄长可汗他胆子小，每一个士兵各烧十堆烽火！"岱宗可汗的哨兵看见了吉农和卫拉特的军队后回来报告给了可汗，可汗说让我亲自去看看。可汗看后

·马鞍·

说："这么多的火堆！就像是天上的星星落在了地面上，能战胜他们吗？"于是带上少数伴当及儿女们，朝克鲁伦河方向逃去了。

由于车步登的女儿阿勒泰哈屯与塔拉钦部的哈勒察盖私通，因而可汗杀死了哈勒察盖，割去哈屯的耳鼻后休了她，让她回到了娘家郭尔罗斯部的车步登那里。

此时萨尔塔古勒部名叫古忠的人用计割掉了可汗用的银锅，并把银锅扔掉。可汗知道银锅丢了，问："我要派可以信赖的好人去找，谁去？"古忠说："让我去吧！"于是，可汗跳下马，把自己乘骑的黑骏马让他骑。古忠却带上银锅叛变，投奔到了吉农那里。

可汗到车步登家想见回了娘家的哈屯。车步登说："哈尔胡克山的阴面原先是温暖的，如今怎么变冷了？你哈屯的怀抱原先是冰冷的，如今怎么温暖了？阿勒泰罕的山阳原先是温暖的，如今怎么变冷了？我的女

儿阿拉答罕的怀抱原先是冰冷的，如今怎么变暖了？嫌水草不丰美而迁走的营盘还能驻牧吗？嫌姿色不美而遗弃，老婆还能再要吗？"

岱宗可汗原有三个儿子，长子叫孟古来台吉，据说先前已经自尽。于是岱宗可汗和他的两个儿子伊力、多力以及郭尔罗斯部的阿嘎伯罗特、巴嘎伯罗特两个伴当共五人一起被擒拿了，于猴儿年在敖尔沁的碧野死于车步登之手。可汗在位十五年。

阿嘎伯罗特与巴嘎伯罗特的哥哥门都乌尔鲁克当时住在了别的人家，早晨起来看到他名叫胡拉干、哈拉汗的两匹马像是感到了什么，正在用蹄子刨地嘶鸣，门都乌尔鲁克感到不妙，说："这是恶人恶事的预兆啊！"便去追赶可汗。还没赶上可汗，可汗和他的两个弟弟已经被人杀死了。门都乌尔鲁克让可汗的一个弟弟做可汗遗体的枕头，另一个弟弟做可汗遗体的脚垫，葬在了一起。之后门都乌尔鲁克率为数不多的伴当征讨车步登，为他们复了仇。

后来，卫拉特部的人私下集会商量："不顾及自己亲族的人，还能顾及我们吗？不爱护自己朝政的人，还能爱护我们的朝政吗？不珍惜自己名声的人，还能珍惜我们的名声吗？他往自己的火里泼了水，而往我们的火里浇油，这个吉农究竟向着谁

> 岱宗可汗 〈

岱宗可汗，名叫脱脱不花，早年和弟弟阿噶多尔济、满都古力流落西北放牧。1433年，被卫拉特首领脱欢迎立为可汗。

呢？对谁有好处呢！"为此他们谋划除掉他的计策。卫拉特的大臣、那颜们向吉农呈奏："当初吉农你要称可汗的时候，不是答应过把吉农的封号赐给我们的额森太师的吗？如果当真的话，如今就封吉农为可汗了吧，把吉农的封号赐给我们的额森太师吧！"卫拉特部的人摆下宴席，请吉农光临，却在屋子里挖下大陷阱，上面撑好了毡子。以吉农为首的三十三名扎飘带的、四十四名插羽翎的、六十一名举旗幡的人来到了，请他们从一个门进来，再从另两个门出去，被杀的尸体填满了坑。所谓"官死会上，狗死瓮中"的俗语就是从这件事上说开的。

哈古日楚克台吉对亲信纳哈出说："进入前面屋里的以吉农为首的大小官员们在干什么？"纳哈出前去观察，回来说："吉农为首的那伙人我没有全看到，只看见从东边的墙壁下面有鲜血流出。"哈古日楚克台吉说："该来倒下的都倒下了，该来找死的都死去了！"说罢只带了亲信纳哈出一个人远遁山崖间。行进中见有身着双重铠甲的人从崖壁间尾随而来。纳哈出弯弓搭箭一箭射透了他的双重铠甲，那个人和后面跟着的人一起仰面倒下。又有人身着三重铠

> 阿噶巴尔金吉农 <

阿噶巴尔金吉农，1452年与卫拉特的首领额森一起攻打哥哥岱宗可汗，占据可汗位。1453年(癸酉年)被额森杀害，终年31岁，在位1年。音译又作阿噶巴尔吉吉农或可汗。好多史书不称其为蒙古可汗。

甲，手握长矛追了上来，纳哈出说："看来我不行，您来吧！"哈古日楚克台吉用公山羊骨制成镞的箭射去，一箭射穿了三层铠甲，连同穿铠甲的人一齐倒下，仍然可以听见箭镞的鸣声。纳哈出说："要想活着出去，徒步是不可能了，得去偷卫拉特的战马。"于是他摸了进去，只见额森太师披着氅衣挡着风坐着烤火取暖，环绕着他躺着的人都已经熟睡了。纳哈出跨过这些人去解额森太师近旁拴着的金木黄毛色骟了的骒马，还有黑鬃黄毛色的公快马，却听到了"咚咚"的声响。他环顾无人便解开缰绳骑一匹、牵一匹赶紧离去。正在这时他又听到"咚咚"的响声，观察左右，没有人影，才知道是因为自己过于紧张，心脏在"咚咚"地跳。军营中一个汉子发现了他，问："你是谁？"他回答道："你这人很警觉啊，蒙古的哈古日楚克台吉和纳哈出二人就在附近，赶紧去抓他们吧！"说着策马跨越营栏而去。到哈日古楚克台吉那边，呼叫他却没有人应答，以为他躲到别的地方去了，往前走了一块儿再喊他时他才出来。纳哈出问他为什么藏起来了，哈日古楚克台吉说："我以为卫拉特人会抓住你，我怕你

把我供出来，于是就躲了起来。"两个人骑上偷来的马逃离。走到叫呼图克图因葫芦孙的地方，用马绊绊好两匹马，刚刚坐下就见有码沙狐印的人走过来，只好赶紧骑上卸了鞍的马躲避。正行走间，哈日古楚克台吉射死了一只梅花鹿，用鹿的肋骨做鞍鞯，鹿肉做了食粮，去了托克马克地方的一户富有人家。富人的弟弟对兄长说："这个人目光炯炯的，不宜结交，干脆杀了他吧！"兄长说："谁还不结交一个半个朋友呢！"没有杀他。

纳哈出对哈日古楚克台吉说："我们这样形单影只的能干点啥呢？干脆我去卫拉特那边，把您的哈屯接回来吧，在我归来之前您可千万不要让人知道了您的身份，千万不要到众人面前，也不要把野兽杀绝。"嘱咐完毕，纳哈出带上他的一绺头发作为凭据去额森

太师那里，谎称："我已经杀死了哈日古楚克。"

后来，那个富人将自己的女儿给了哈日古楚克台吉。行猎之际，有二十只黄羊进入了视野，哈日古楚克台吉放掉两只，其余的被他射死。就在那次围猎中，富人的弟弟嫉妒哈日古楚克台吉，对外谎称失手杀害了他。

纳哈出到了卫拉特。额森的母亲给儿子献计："纳哈出来了，你想把他怎么样？杀掉他吗？"额森太师说："只要见了他我就要吃了他的肉，喝了他的血！"母亲说："难道你不打算除掉哈日古楚克台吉了吗？"额森说："那我就不杀这个人了！"母亲安排纳哈出和额森太师见了面，幸亏还有福分，让他保住了性命。

不久额森太师出兵托克马克，让纳哈出也随行。纳哈出准备了两匹马走在队伍的外侧。卫拉特人开始进攻打托克马克，他跟在卫拉特的劫夺者后面抢了一群马，然后献给了额森太师，却把银碗和银鼠皮大衣藏了起来，给他的母亲送了去。额森太师知道了，生气地问："为什么不把银碗给我？"他的母亲说："难

·蒙古刀·

道你还嫉妒自己的母亲吗？他杀死了哈日古楚克台吉，又夺回并送来了金米黄色毛的骒马。"额森太师看了缴获的马群这才满意地说："纳哈出不是人，简直就是鹰魔！"从此，"鹰魔"就成了他的绰号。就这样鹰魔哈纳出在额森那里落了脚。

· 北元额森（也先）可汗 ·

额森太师的女儿、哈日古楚克台吉的金贵夫人有了身孕。卫拉特部的奥贝浩吉格尔迎娶了她。

卫拉特夺取蒙古政权之后，额森太师便迎请锡古苏台那颜。为此锡古苏台那颜带着三十名伴当前来，由其中的十名伴当陪伴着进了帐篷。额森太师先派人请锡古苏台将砍死贵林赤的那把钢制腰刀一起带过来。锡古苏台已明白他这是心怀恶意，刚要用腰刀砍来人的头，斡勒鲁莫尔根上前抓住了他的手，没能砍成。于是锡古苏台将腰刀交给来人。那个人问："这真是砍贵林赤的那把刀吗？"锡古苏台回答："东西是，主人大概不是了。"据说锡古苏台巴特尔和他所率的斡勒辉莫尔根以及十名伴当都被杀害了。

卫拉特人捉住了一只鸟，正在猜想这是什么鸟的时候，一个小孩子走来，说："它的嘴大、掌宽、翅翘、尾尖，通常是遗弃在熊窝中养育的，它是皂雕的幼雏，名叫团雕。"那个卫拉特人向额森太师禀报："我们原来不认识这个鸟，一个蒙古小孩子认出了它。"额森太师听后便派人去，说："这小孩可疑，把他带过来吧！锡古苏台巴特尔的孩子还没找到呢，这个小孩看起来像是高贵人家的后代。如果是女孩儿，就把头发给她梳了；如果是男孩儿，就要了他的命。"

索朗古特部桑胡勒台的妻子喀喇沁布钦看到来了人，马上把小孩子扣在锅底下，上面倒了干牛粪并嘱咐孛罗海在下面不要动。之后李代桃僵，把自己的儿子交了出去。额森太师派去的人，其中一人一边脱光了小孩的衣服，颈上套了马套子准备绞死，一边对他的伙伴说："那天看到的小孩子好像是兔背，目光炯炯的。肯定不是他，不要杀了吧。"派去的人回去后，喀喇沁布钦叮嘱孩子说："你从此就隐瞒身份吧，无论怎么打你，重也罢，轻也罢，就一口咬定是卫拉特人，自幼失去了父母，部落和家乡被占据，什么都不知道。"后来把他

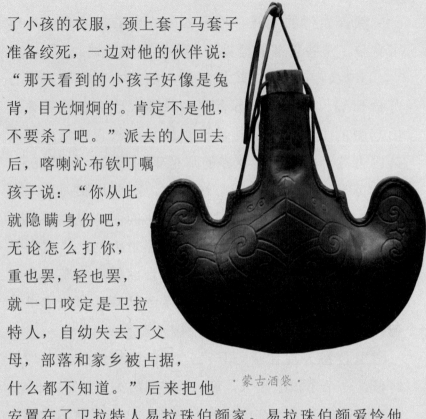

·蒙古酒袋·

安置在了卫拉特人易拉珠伯颜家。易拉珠伯颜爱怜他说："你不知道自己的父母了，其实你就是我们卫拉特人的子孙。"

喀喇沁布钦对丈夫说："那是我们那颜的后代啊，把他带到蒙古地方吧！"桑胡勒台借故地方遥远，不想去。喀喇沁布钦："那么你留下，我与儿子送他去！"然后派长子玛嘎西去把孛罗海悄悄地领回来，送到了他的弟弟那颜博罗特王那里。那颜博罗特王说："当兄长您不在位的时候，我非礼地做了主人。兄长您是合法的主人，还是您来做主人吧！"让他主掌了黑纛。

后来，额森太师继了可汗的大位，率领蒙古、卫

拉特西部的人去征讨水滨的三万女真人，把他们纳入了自己的统治范围。额森太师说："女真人有一座城建在了马胸似的山嘴上，按常规是难以攻取的。"因此放弃了。而另一座城由于那里的民众起来反抗，因而将他们斩尽杀绝，弃入湖中，当时血染湖面，因此给湖起名叫"乌兰淖尔"，即红湖。

在出征女真的路上，永谢布的额森萨麦梦见抓住了大明皇帝，禀报给了额森太师。额森太师说："但愿能抓住他，如果抓住了就送给你算作礼物吧！"

额森太师征服了女真，推翻了他们的政权，就在凯旋的途中遇见汉地的景泰（英宗）皇帝也率大军征讨蒙古。汉地的军队挖壕筑垒，无法接近。额森太师佯装后退，暗中另派出一支后哨，待汉人的军队出了壕垒里，额森太师立即反击，击败了汉军，除了没离开壕垒的三百人，其余全部被屠杀。他们俘获了一个人问："你们为什么不动？"他回答说："我们是大明皇

· 蒙古奶桶 ·

帝的臣民，岂可弃君而逃？"追问："哪个是你们的皇帝？"他把皇帝在地下隐藏的位置指给他们。于是兵士们把皇帝从坑中抓了出来，要砍死他，可是不知道为什么腰刀一节一节地折断。又把他捆绑后扔到水

里淹死，他却浮而不沉。欲杀而不能，只好按梦中的启示，把景泰皇帝送给了额森萨麦。额森太师回师途中下令："不准声张俘获大明景泰皇帝的事，谁要是说出去，就杀谁的头！"

额森太师回到家，母亲问他："战果如何？"回答说："大的收获没有，倒是收获了平安！"母亲说："你何必隐瞒呢？听说有大的收货，不是俘获了大明景泰皇帝了吗？"额森太师追问："这话是谁说给你的？"母亲回答："是永谢布的索尔逊告诉我的。"额森太师说："先约定不许外传，他怎么就传出去了？"于是杀死了索尔逊，并拦腰断其尸，挂在了歪脖子树上。

后来，卫拉特右翼的阿拉克特木尔丞相和左翼的哈丹特木尔丞相两人对额森太师说："额森太师您已经做了可汗，是不是将太师封号转封给我们！"额森

黄金史纲

太师说："太师的封号已经给了我的儿子了。"他们两人说："你是凭借阿拉克特木尔的英勇，哈丹特木尔的刚毅，那布达拉斯钦的计谋，才取得了卫拉特、蒙古的朝政，做了可汗，难道是单靠了你自己的力量不成？"于是二人调兵遣将，进攻额森太师。额森太师兵败逃走，只带了妻儿、用品与牲畜。

再后来，额森太师只身一人逃亡，疲惫不堪，来到索尔逊妻子的家里，喝了酸奶子又走了。索尔逊的妻子看了一阵，对儿子们说："这个人步履蹒跚，走路的样子太像恶人额森了！"听了母亲的话，儿子追问："他怎么成了这个模样？"母亲说："据说额森内部失和，这人也许就是他，你们要留神啊！"后来他又来了，这次索尔逊的儿子布欢认出是额森太师，就把他抓起

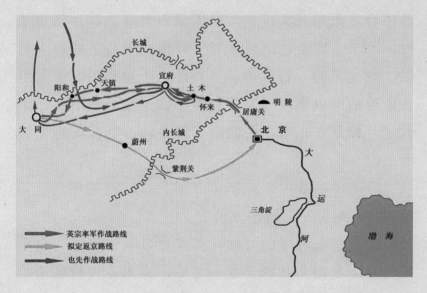

· 土木堡之战作战图 ·

来杀死了。布欢兄弟共九个人。

额森太师曾将一个叫莫罗扎嘎图的女孩子嫁给景泰皇帝，并给景泰皇帝起蒙古名叫"模胡尔西古瑟"，然后给永谢布的额森萨麦供他使唤。原来，此地一向没有疾疫和荒旱，自从景泰（英宗）皇帝做了役差，公正、淳朴便消失了。他睡熟时身上就发光。他把写有"我在这里"的书信藏匿于小贩的长毛羊皮里送了出去。汉人得到书信后，致书蒙古："据悉，你们正把景泰（英宗）皇帝当奴仆使唤着，这与你们是不适宜的，立即还给我们！"于是蒙古方面派遣岭南的六千乌济业特人送他回国，换取大度的酬劳。当年为永鲁（永乐）皇帝效劳，曾经得到过三百大度的酬劳，这次为景泰皇帝效劳也得到了三百大度，这就是所谓岭南六百大度典故的由来。还有一种说法，蒙古送回景泰皇帝，是由岭北派三百大度的，只因蒙古内部失和，延误了时间，未及取走，随后才有了岭南六千乌济业特人追取了岭北派的三百大度。另外还有一种传说，景泰皇帝所娶的蒙古族妻子莫罗扎嘎图跟景泰皇帝生下一个儿子，被蒙古扣留，他的后代就是阿苏特部的塔勒必五王。

后来，玛哈古尔吉斯可汗即大位。鸡儿年崩。玛哈古尔吉斯可汗无嗣。

杀害岱宗可汗的时候，车步登以莫伦可汗为自己的外孙为名而未加害于他。之后，克木齐古特的塔哈迪尔太保、郭尔俄罗斯的胡布奇儿木兰台从车步登那里将莫伦可汗送到了那个大国的边境，交给了一个人。那个人又把他送到了莫立海王那里。翁牛特方面对莫立海王说："大国的朝政已定，你就登可汗的大位吧！"莫立海王说："可汗主上不是没有子孙，于我及我的子孙而言那是不可以的。"没有答应。

莫立海王让莫伦可汗骑上自己的脐部呈白色的全身淡黄毛色的马，插上自己金刚造型装饰的金簪子，在他七岁的那一年即鸡儿年让他即了汗位。

后来，鄂尔多斯的孟克、哈丹布和二人向莫伦可汗进谗言："莫立海王认为您心怀劫掠撒马岱哈屯的坏心思。"听了谗言，莫伦可汗说："那我们先发兵吧！"莫伦可汗动兵了。有人看到莫伦可汗发兵，便给莫立海王送来消息。莫立海王起初不相信，当看到大军扬起的尘烟时他才相信。于是召集军队，对长生天献祭说："至高无上的长生

·满都海彻辰·

> 解析 <

1465 年，莫伦可汗继承了弟弟马儿古儿吉思的汗位。然而，他像他弟弟一样没有权力，太师莫立海掌握大权。大臣孟克、托和不罕挑拨可汗和太师的关系，莫伦可汗发兵攻打莫立海，结果被杀。齐王博罗乃、少师阿罗出以为可汗报仇的名义，杀死了莫立海。之后近十年，北元混战，可汗之位空缺，直到 1475 年，满都古力继位。

天明鉴！位列其次的洪福无疆的圣主明鉴！我诚心善待您的子孙，而您的子孙反而对我起了歹心。"叩拜毕，令三百人埋伏起来，自己带领名叫蒙古札尔忽赤的人的弟弟为首的三兄弟出战，俘获了莫伦可汗。狗儿年，莫伦可汗死于莫立海王之手。

当活捉博尔搏克部的伯颜乌尔莫格尔的时候，众大臣都想杀了他。有人说："为莫伦可汗当先锋的就是他，他可是为可汗当先锋官的好人啊，他同样可以为我们当先锋官呀。"于是没有杀死他。他获释后，用黄柄刀子在可汗尸体的外围划地为坟，把可汗掩埋了。

莫伦可汗的孟古勒岱哈屯悲痛地哭诉道：

"坏我可爱的大统，

造成全蒙古的汗主与之诀别的是孟克、哈丹布和这两人。

毁我盛世基业，

造成全体人民的汗主与之诀别的是孟克、哈丹布和这两人。"

莫伦可汗无嗣。

当卫拉特与车步登篡夺了岱宗可汗和阿噶巴尔金吉农的朝政的时候，岱宗可汗异母所生的名叫满都古力的弟弟，因在易速特的驻牧地驻牧而幸免于难。后来，这位满都古力可汗于羊儿年在驻夏地哈沙哈利达即大位。满都古力可汗有两位哈屯，一位叫满都海，另一位叫也克哈巴儿图钟根。满都海的父亲是土默特部恩库特鄂托克的绰罗斯拜特木尔丞相。也克哈巴儿图钟根的父亲是卫拉特的毕格尔逊太师。据说，可汗因染病，没有能够与也克哈巴儿图钟根共枕。满都古力可汗于鸡儿年崩，满都古力可汗的遗体安葬在了卯温都儿。

当蒙古的朝政被卫拉特篡夺的时候，科尔沁部的巴特尔锡古苏台的儿子那颜博罗特王恰在斡难河之地驻牧而幸免。后来，为了替莫伦可汗报仇，他骑了一匹黄马，兴兵讨伐莫立海王。莫立海王早已觉察到那颜博罗特王要兴兵征讨，于是疾走得以逃脱。而那颜博罗特王则说："也速该巴特尔是我的父亲，母亲诃额伦跟他生了铁木真、哈撒儿、哈赤温、斡惕赤斤，我们是同腹胞兄弟；异母苏勒赤津额克则生了必克帖儿、伯勒格台二人。必克帖儿是圣主带领我们的祖先哈撒儿杀死的。正源于此仇，现如今杀死了莫伦可汗。可汗虽无子嗣，作为哈撒儿的后裔我终须要追报此仇的。"于是，在斡勒辉之野追上并杀死了莫立海王及其兄弟子女七人。夺回莫伦可汗遇害时被抢走的镀金钢盔，割下蒙古札鲁忽赤为首的七人的头颅遗弃在那

里，于是这个地方被命名为"道劳定陶卢盖"，即"七
个人的头"。莫立海王骑了淡黄毛色的马，穿了掉了
毛的旱獭皮大衣，行走于低洼地，用杏树搭建起帐篷，
浸泡老羊皮作食物，日益枯瘦，僵卧不起，最终死去。
传说这是哈撒儿的后裔为可汗的后裔所做的又一件善事。

　　哈古日楚克台吉的被卫拉特人抢去的夫人分娩了，

· 敖包 ·

额森太师告诉阿巴布尔吉、太东等人说："如果是女孩子，就给她梳好辫子；如果是男孩子，就给我要了他的命。"夫人知道后，将孩子的阴茎向后拉，让他像女孩儿那样撒尿。那伙儿人果然以为是女孩子，报告了额森太师。等到那些人返回去以后，夫人把自己

的孩子藏起来，将回到了察哈尔的胡勒巴特地方家乡
的名叫斡台的女人的女孩子接来睡了摇篮。那些人又
一次前来解开摇篮一看，确实是个女孩子，遂复命额
森太师："确实是个女孩子。"

　　后来，卫拉特的斡格台巴特尔埋怨自己的那颜："我
从十三岁开始就给你当先锋，就这么效力仍然得不到
你的恩赏！"他的伴当纳哈出说："你想成为显赫的
人物吗？那好，哈古日楚克台吉的夫人生下了一个男
孩儿，你就把他送到蒙古去吧，你会成为六个万户蒙
古人的首领。"斡格台巴特尔的姐姐是为塔塔儿部的
图乞巴特尔所聘娶。由于这层关系，图乞巴特尔把孩
子交了出来。由卫拉特的维毛敦的儿子斡格台太傅、

弘吉剌特的阿萨来太傅、喀喇沁的孛雷太师、萨尔塔古勒的巴颜岱首领四人携带孩子上路。卫拉特的追兵还没追上的时候，阿巴布尔吉跳下粉嘴枣骝良马，把马交给了鹰魔纳哈出。那边卫拉特的那颜们对他说："你如果能把这个孩子夺回来，就让你管理众多的人户和成群的马匹！"当鹰魔纳哈出快要追上的时候，那四个人扔下孩子跑了。鹰魔纳哈出用弓弰挑起孩子摇篮上的弧形罩架，追上了那些人说："你们丢下了孩子，还去干什么呀？"说完把摇篮中的孩子递了过去。他们相互对射了一阵，没有拔掉射在摇篮上的箭。当后面的同伙们赶上来时，鹰魔纳哈出把刚才的情景说了一遍。他们看到插在摇篮上的箭，以为孩子被射死了，便折返回去了。那四个人把孩子交给乌梁海部的呼图克图西古习之后便走了。孩子长大后，呼图克图西古习把自己的名叫西吉儿的女儿嫁给了博罗胡吉农。后来巴颜蒙克博罗胡吉农于猪儿年即大位。

当满都古力可汗与博罗胡吉农二人统治六个万户之际，好进谗言的洪胡来对满都古力可汗说："听说您的弟弟博罗胡吉农要夺走您的也克哈巴儿图钟根呢！"满都古力可汗并不相信洪胡来的话，但是为了避免将来与博罗胡吉农产生误会，便告诉洪胡来他将排两名使者过去。而洪胡来不仅向可汗进谗言，还对博罗胡吉农说："您的可汗兄长正怀疑您与他可能要成为箭与靶，已经有了坏心思！"又说："如果您觉得我说的是假话，那么不久他就会派人来试探的，那时候就可以见分晓了！"之后满都古力可汗果然派了两位使者。吉农见使者到来，相信了挑拨离间的谗言，误认为"已经有了坏心思"的话是准确的。因此吉农对可汗的使者没说好听的。两位使者回到可汗处禀报："您的吉农弟弟说的话不中听啊。"

可汗心想："如果是这样，吉农对我心怀异议是真的了。我身体欠佳，没有子嗣，如果我死了，我的哈屯妃嫔以及全体庶民都将归他了。他现在的这种想法太过分了，后果不堪设想啊！"他越想越生气，刚要召集人马，却被吉农发觉了，他跑到了姐姐那里。

公主说:"先避开必格罗逊,我派讷末库楚阳、巴嘎白两个儿子到必格罗逊那里试探口风再说。"当必格罗逊太师公闲休息时给他传话说:"请让他们带回您的指示,我希望得到太师您的帮助。"太师却怒发冲冠、瞋目裂眦地说:"让他们带指示回去,就等于希望吃了我的肉,喝了我的血!"必格罗逊太师出去打猎了,讷末库楚阳和巴嘎白没有跟随。公主趁机放走了吉农。打猎中必格罗逊太师知道了此事,就派人质问公主:"扣腿绊的银合马去哪了?"公主嗔怒道:"你是不是已经仇恨满腔,为情事妒火中烧了?扣腿绊的银合

·明蒙边境烽火台遗址·

马已经去了该去的地方了！"必格罗逊太师狩猎归来，公主唤出两个儿子，吩咐他们说："我自己可能会先期死去变成尸体，你要让你们的后代如铁环成链般绵延下去，展示给众生百姓们看。"

· 满都海塑像 ·

博罗胡吉农驻胡达干图的德儿苏台之地时，西吉尔太后把达延可汗过继了过来。又将达延可汗寄养在了巴拉嘎沁的名叫巴该的人那里。后来，卫拉特的伊斯曼太师来征讨，掳走西吉尔太后并把她纳娶。

博罗胡吉农与博鲁岱在博儿布格之地一起逃亡到了永谢布边境的部民之中。吉农留在野外，命博鲁岱去刺探消息。博鲁岱的姐姐遇见博鲁岱，留住弟弟不放他走。吉农在外等候，但口渴难耐，来到一户人家讨酸奶喝。见一位体态端庄的女孩坐在那里，正以羡妒的目光端详王所骑的淡黄色马，所穿的灰鼠里子蟒袍、所系的金腰带等物什。待吉农走后，女孩跑到水边的人群里，说有如此这般令人嫉羡的人刚刚路过这里吧。永谢布部五个驻牧地的克里耶、察干胡亚尔特

· 蒙古奶茶 ·

木尔孟克、哈拉巴岱等人追了上去，问吉农："你是干什么的？"回答："我是旅行的，路过这里。""把金腰带交给我们！"吉农不给。永谢布的几个人抢过博罗胡吉农的马缰，抓住并杀害了他。这是

· 达延汗 ·

虎儿年的事，后人说这件事成了永谢布的一桩罪恶。

因为没有很好地抚养达延可汗，唐古特的多兰格里的七个儿子中的特木尔哈达克来到巴该那里说："把这个男孩子送给好人家吧，要么就交给我。"但所请被拒绝。后来，特木尔哈达克七兄弟骑上赤红毛色的快马前去把孩子抢了回来。

达延可汗得了痞疾，特木尔哈达克的妻子用产初羔的九匹白驼的乳汁医治，按摩居然磨穿了三只银碗。经过医治，七块藻块状粉瘤脱落，病得以痊愈。人称此乃达延可汗所过的一大劫数。

黄金史纲

之后，唐古特的特木尔哈达克把达延可汗送到赛音哈屯的家中。

赛音哈屯满都海历数以往诸可汗的宿仇，发兵征讨。牛儿年誓师，先兵先行。三天后亲帅骑兵出征。赛音哈屯满都海身跨走马佩壶箭，怀揽达延小可汗，束拢飘发奔赴烽烟。

赛音哈屯以克什克腾部的阿拉克通为向导，征讨四个万户的卫拉特。行进中，赛音哈屯的帽子被吹落，挂在了脖子上。卫拉特人看见了喊："哈屯你的帽子没有了，给你！"遂把自己的帽子递给了哈屯。哈屯接过帽子，挥舞着，督军冲杀，收服了四个万户的卫拉特。这次拼杀于塔斯布儿图之地，列阵于上面的高地，让士兵收没洗劫。直到筋疲力尽才罢手，以六万之众出奇制胜，让卫拉特朝惨遭失败。

其后，科尔沁的那颜博罗特王对赛音哈屯说："让我给你点燃火种，指示你的营盘吧！"

赛音哈屯严辞道：

"可汗的遗产哈撒儿的后裔你能继承吗？

哈撒儿的后裔你的遗产会让我们继承吗？

有不可推开的门，

有不可跨越的槛。

有可汗的后裔在此，

我不会正眼看你的。"

之后问话于阿拉克奇古特部的撒岱多郭浪："科尔沁王说的话你认为对吗？"撒岱多郭浪回答："我

觉得是对的。"后来又问郭尔罗斯部的门都元老的扎罕阿哥,扎罕阿哥说:

"哈撒儿的后人被引入黑暗的歧途,
众百姓分裂毁了哈屯的名节。
若从了可汗的子孙,
必受上苍的佑护。
统辖普天下百姓,
彰显哈屯的名望。
若跟了得时运的人,
必会步入阳关正道。
掌管察哈尔的庶众,
远播哈屯的声名。"

听了扎罕阿哥的奏言,赛音哈屯表示赞许。认为撒岱多郭浪的话是错的,便将一碗热茶浇在了他的头上,并说:"你以为可汗幼小,全民没了主人?欺我孀单寡居,哈撒儿先辈有了新的继承人?"赛音满都海哈屯一番斥责之后,给达延可汗穿上纳了三层底的靴子,在阿拉克奇古特部的狐花瓶子里装满了酒,命家臣芒罕伊拉古向洪福齐天的哈屯祭献,并发誓:

"在青马的毛色难以辨认的地方,
可汗的继承人得以称汗。
当哈撒儿先辈后人要戕害他时,
我来到了汗阙的旁边。
在花马毛色难以辨认的地方,
以为您的嗣孙幼小,

远方的先辈要夺了他的性命，
虽然惧怕仍将生死置之度外。
我来到了金色帐殿的旁边，
恐惧心已释然。
羞怯的脸却失颜，

·巴尔斯博罗特·

看轻了您宽大的门楣，

看窄了您高大的门槛。

若要委身于那颜博罗特王，

就要看您的套绳是否足够长、缘分足够深能把我
套牢。

就请您套住那颜博罗特王吧！"

接着又发誓道：

"在异域成就缘分降生了汗儿，如果汗儿一旦归
了天，我甘愿只身前往认罪，让汗敲碎了我的股胫。
往圣祖诞育了子嗣，如果一旦失去汗儿，我甘愿以妇
人之身前往认罪，在皇后哈屯面前肢解了我。"

以这般真诚的话语在皇后哈屯面前做了宣誓。后
来又向皇后哈屯合十祈福："请允许誓词中表达的意愿，
并祈愿皇后母亲准予我内襟生下七个儿子，外襟生下
一个女儿。如果允准并能生下七个儿子，则让七子均
起名叫'博罗特'。"祈福完毕即返回。听了哈屯的
这番话，那颜博罗特王便收回了自己原先说过的话。

据说在达延可汗七岁时，曾落入胡鲁胡儿河水中，
唐古特部名叫特木尔的部主游过去救起了他。

巴图蒙克达延可汗在他七岁时，满都海赛音哈屯
和他接续了婚姻，在猪儿年，拥立巴图蒙克即了可汗位。
借沾那次祈福的福泽，满都海赛音哈屯真的生了七男
一女。图鲁博罗特和乌鲁斯博罗特为孪生，阿尔苏博
罗特和巴尔斯博罗特为孪生。后来在怀斡察尔博罗特
和阿勒出博罗特到九个月时，卫拉特来征讨，赛音哈

·蒙古族剪纸·

屯换乘马时，巴尔虎部赛音赛罕拦住花斑黄毛色的良马，由必拉嘎沁部的巴颜搏克以及阿苏特部的巴图博罗特、搏克二人一起搀扶哈屯继续前行脱了险。一个月后，生下斡察尔博罗特和阿勒出博罗特孪生兄弟。后来又生了阿勒布胡拉。七子都以"博罗特"命名。乌梁海部的呼图克图西古习的孙女撒木尔太后另外生了吉拉森扎和吉拉博罗特两个。另一位古西哈屯生了格如迪和青台吉两个儿子。这便是达延可汗的十一个儿子。

后来，移营驻扎在察干格如迪的地方。额尔克古特部的人值哨时发现汉人的军队正向这边奔来，把消息报告给了可汗。又让额尔克古特部的呼登、宝布斯二人出哨，他们看到军队正从库克浩特（今赤峰市宁城县大明城）经过。于是呼登、宝布斯二人急忙回到可汗那里，一个人从帐后唤醒，一个人牵来拴着的坐骑，请可汗与哈屯二位骑乘，从麻斤塔拉逃出，而察干章哈屯则从墙的豁口逃了出去。据说这位察干章公主活了一百岁。

之后就驻营在了克鲁伦河流域。达延可汗出兵远征突入蒙郭勒津，宿营于图尔根河渡口，蒙郭勒津人发觉了有人来袭，便举兵迎战，两军在图尔根河岸相遇。蒙郭勒津达拉特部的巴特尔乌古尔海率左右两翼吹着号角杀来，冲散了可汗的阵营。溃逃中可汗所乘巴林的脐部呈白色的黄马陷入图尔根河的泥泞之中，可汗栽下马，头盔的胄顶扎地，一时难以起身。别速惕部脱欢赛音的线脸黄马也陷入泥泞中倒下，同是别速惕部的察干向木齐列喊："下马！"二人一起下马，猛地拔出可汗的头盔胄顶，扶他上马突围。别速惕的脱欢、木齐列二人以及郭尔罗特部的哈日图鲁等挽救了可汗。

突围后达延可汗出兵打败了蒙郭勒津的军队。达

·蒙古烤羊排·

延可汗驻扎在图尔根河的源头。等待后续部队的到来。

达延可汗用克什克腾部那颜台老人的锅煮肉，当锅里的水沸腾时，老人却把肉倒在地上，取走了锅，他只好用后续军队的锅。

此后，出兵征讨卫拉特部维古特的伊斯曼太师，派了以郭尔罗特部的图火齐西古习，浩齐特的额森托格勒、察干阿玛、出本巴特尔、明安图，阿鲁拉特部的木兀兰，克什克腾部的巴尔齐、萨拉巴图拉特，克木吉古特部的胡力巴雅思胡，郭尔罗特部的巴巴海乌儿鲁克，塔拉沁部的巴嘎苏海、胡儿哈布塔盖，博儿搏克部的孟克、伯勒库、杜齐根、别乞斡格台伊，阿哈特木尔部的西古瑟、明安图，萨尔胡特部的额森台为首的诸大臣率兵出征。伊斯曼的管家中名叫阿拉克的女人听到了大军行进中的马蹄声，禀报给伊斯曼说："是不是地震了？怎么回事？"于是牵来粉嘴枣骝良马让伊斯曼太师骑上。伊斯曼太师乘马迎声前去察看虚实，结果跟郭尔罗特部的图火齐西古习照了个面，图火齐西古习认出了他，将他射死了。接着图火齐西古习又杀死了伊斯曼太师名叫胡腊岱的兄长。浩齐特部的巴特尔明安图拿走了铠甲。

图火齐西古习请西吉尔太后立即上马走人，太后泣涕不允，图火齐西古习怒斥："难道你的丈夫吉农不好吗？你的儿子可汗不好吗？你的察哈尔国不好吗？你为什么要为别人哭泣？"说着手摸向腰刀，但最后还是扶她上马带回，同时把她所生的巴步岱、布尔海两个儿子带回。达延可汗谒见母亲西吉尔太后时，图火齐西古习说："我已经杀死了你的敌人，降服了你的仇人。"据说在这之后西吉尔太后在西拉木伦河畔名叫色尔摩格尔的地方薨。

维古特的必格罗逊太师烹煮宴会食物，金碗里晾着热肉汤准备喝，正好蒙郭勒津部的图布新的儿子赛音图鲁格很口渴，向必格罗逊要汤喝。必格罗逊将晾着的汤倒进另一只碗里递给他，他不知是热汤，接过来就喝，结果烫了嘴。图鲁格很暗自想，如果咽下这口热汤，会烫心的，如果吐出去会被别人耻笑的。为此他把汤含在嘴里，等它变凉，结果烫掉了腭皮。图鲁格很发狠："此恨我至死不忘，总有一天要报仇的！"他始终念念不忘，一直在寻找着报仇的机会。

后来，达延可汗会盟察哈尔、土默特二部，去征讨必格罗逊。令蒙郭勒津的章京特木尔阿哈拉灰为哨探。章京特木尔阿哈拉灰闭起一只眼睛走进必格罗逊的家。问："你怎么了？"回答："咳，身

·蒙古族生活用品·

体欠佳，平安时遇见了敌人，健康时得了病！"必格罗逊太师在银杯里斟上酒递给了他。特木尔阿哈拉灰坐下来品酒，说："算是我饮酒受赠的遗物吧！"说罢怀揣银杯出了门。章京特木尔走后，必格罗逊太师想："章京特木尔不着边际地都扯了些什么呀？"为此算了一卦，卦辞是"挂在牛角尖上"。必格罗逊太师知道是凶兆，马上集合了军队。及至发现对方军队扬起的尘烟，问儿子讷莫库楚阳："怎么回事？"讷莫库楚阳说："或许是您马群扬起的尘埃。"

达延可汗冲杀过去打败了必格罗逊，必格罗逊逃了出去，追兵则紧追不舍。当追兵接近他的时候，他把头盔摘下给执缰人戴上，骗过追兵逃走了。土默特部的图布新的儿子赛音图鲁格很及乞塔特的儿子乌努古奇、扎辉胡儿嘎克齐两人以为戴头盔的人就是必格罗逊，赶上去把他围了起来，一看不是必格罗逊，而是执缰人，问他："你的那颜在哪里？"执缰人指前面说："那个便是他。"追赶上去，捉住必格罗逊，把他杀死在吉勒齐儿的洼地。传说杀死他的那个地方，后来生出了盐。必格罗逊的儿子讷莫库楚阳悲痛地说："你掏空了亲生的，挖出了新生的，为难了出头的，最终黑头落了地！"

伊巴莱的弟弟曾盗窃乌梁海部巴颜图克图的黑鬃黄毛色的生格子儿马，至今未断狱。后来人家赶着马群回来，伊巴莱的弟弟追上人家并与他厮打起来，结果被杀。这又加重了他的罪过。

"断了这桩案子！"当达延可汗在白室祭祀祈求平安之时。右翼三个万户派遣蒙郭勒津部的乌力吉之子翁古尔海和鄂尔多斯部哈里古沁的鄂塔嘎齐沙比二人为使来见达延可汗，说："请治理好朝政。"达延可汗未亲自前往，而是让在国中的儿子阿巴亥带郭尔罗特部的巴八海乌尔鲁克前往。让使臣中的翁古尔海留下来，而让另一位使臣鄂塔嘎齐沙比返回时结伴一同前往。

　　于是阿巴亥到了白室。与阿巴亥同行的伙伴中的一人往日曾欠下维古特人一匹马的债务，那个人前来讨债，结果发生口角，打将起来。阿巴亥问说："你为什么殴打我的伙伴？"盛怒之下砍了那个人。维古

特的伊巴莱太师、鄂尔多斯的勒古喜阿哈拉忽两人前来，看到了这一幕，愤怒地说："你是来治理我们的朝政的，难道是来治理我们人头的吗？刚刚施治的这种人，还能分清好坏吗！"于是举兵前来厮杀。巴特尔库里逊请阿巴亥骑上沙毛色的良马让他逃走时，此时有几位家臣说："我们为您拼命吧！"他们把阿巴亥藏在白室后拼杀起来。对方打败了家臣，抢走了阿巴亥并把他杀害。蒙郭勒津部的和硕塔布囊的多郭浪公主闻讯赶来，可惜阿巴亥已经被害死。公主让全体蒙郭勒津的人都致哀服丧。

可汗得知阿巴亥被害的消息后，集合兵马前来，说："把留下来让众大臣陪同的翁古尔海杀掉！"可汗命

· 大青山 ·

·蒙古族佩饰·

他坐到身后，说："你们杀死了我的儿子阿巴亥，我儿杀了你们谁呢？"说罢，向苍天喊冤："流洒的鲜血，枯干的尸骸，命归苍天，苍天您明鉴！成为死者的副贰。圣主您明鉴！"

巴尔斯博罗特吉农正在姐姐多郭浪公主家里。对那次事件产生疑问之际，听说达延可汗举兵征讨右翼三万户的消息。于是，卫拉特部的伊巴莱太师，鄂尔多斯部的勒古喜阿哈拉忽，土默特部的赛音和硕、巴八海西古习等人商议："海青鹫养在掌中，它会冲击它的主人的。这对谁有利呢？蒙郭勒津都是可疑的。"多郭浪公主把巴尔斯博罗特交给鄂尔多斯部库布特的特木尔太师，博儿搏克部的额勒吉格乌尔鲁克，达拉特部的阿拉克齐，星胡儿部的淘克图拜胡、陶搏克杜谦，巴拉嘎沁部的额森乌尔鲁克，郭尔罗特部的陶布胡七人，由他们负责护送。途中还在摇篮中的小孩儿断了粮，不得已捡拾沙葱充饥抚养。正因为这个原因，人们给他起了个名叫"库莫勒"，还叫他"莫尔根哈拉吉农"。

因为儿子阿巴亥被杀，达延可汗举兵征讨。

右翼万户们获悉这一消息，出师迎敌，两军在达兰特里衮地方相遇。阿拉克齐古特的察干扎嘎林、乌珠穆沁部的额勒东格巴克喜两人算了一卦，把结果说给可汗："伊巴莱系火命，水冲火，必克。"于是燃起火，用银碗舀水浇火。翁牛特部的图鲁格台星西其说："如果有孛儿只斤家族的方正红衣人和平民出身的黑衣人、虎儿年降生的方正人出阵迎战，必能克定。"科尔沁

苏鲁锭

部的鄂儿多古海那颜带着骑浅金黄色的马的儿子布尔海前来。掌历日的塔本部的彻吉彻、掌庶民事的茂明安部的敖鲁木巴兰使者、塔塔嘎勒津部的八嘎苏海、精通多种语言的克列耶特部的敖拉图、善辞令的阿勒塔沁部的赛马干一齐呈奏："时辰未到，可待正午。"博儿搏克部的巴颜乌儿莫该请达延可汗落下自己的旗纛，暂时调换成乌梁海的旗帜。鄂儿多古海那颜的儿子布尔海、塔本部的彻吉彻、赛马干的儿子巴尔通三人战死。据说布尔海王、八嘎逊塔布囊的察吉察、诺门这三人恰好应了卦象。

右翼万户们摆下弓形推车阵来应战。见到这一阵法，达延可汗询问黑军首领卫拉特部人色古色："你懂得这一阵法吗？"色古色回答："对此弓形推车阵，可列公牛角阵对之，必克。"于是用六十一头公牛布下了牛角阵。右翼万户们误以为可汗的旗纛必在这里，因而去袭击插有乌梁海旗的阵地。鄂儿多古海王与儿子布尔海、乌梁海部的巴亚海巴特尔、科尔沁塔本部的赛音彻吉彻巴特尔、五个鄂托克中的哈拉哈诸那颜即八嘎逊塔布囊五人，以上这些人一起打了先锋。乌梁海部败逃，土默特军紧追上来，就在这时可汗打出了黑纛，举旗拦截，狙击土默特军并打败了他们。右翼万户的大部分人误将可汗的黑纛认作是自己的旗帜，于是靠拢过来，结果被歼灭了，伊巴莱太师冲出战场逃走了。达延可汗推翻了右翼三个万户的政权，把他们的控制区域纳入了自己的管辖范围。

彻吉彻巴特尔还要回去冲锋陷阵，所以摘下头盔，光着头杀了进去。临上阵他说："这样的局面不是天天都能遇上的！"说罢冲杀进去。彻吉彻在战斗中头部被砍破，栽下马躺在地上，仍抬起身将对方的脚连同铁镫一起砍断。他问执缰人："我那好运气的马到谁的手里了？"执缰人说："在我们的手里！"彻吉彻说："彻吉彻的寿期到此截止了！"说罢死去。

其后，达延可汗给征服右翼三个万户作战中参与布阵助攻的所有人授予了"达尔罕"的封号。封彻吉彻的子孙为上无那颜管控的自由人"达尔罕"；赐卫拉特的色古色、阿哈拉克齐两人的七世后裔免纳一切税差的特权；将赛音满都海哈屯的独生女儿嫁给了八嘎逊塔布囊。

后来，右翼三个万户发生内讧，鄂尔多斯部的阿嘎拉胡勒古喜杀死了伊巴莱等三人，勒古喜被鄂儿克古特部的克勒该捕获并杀害。克勒该将杀死勒古喜之

·蒙古军队使用的铁刀铁矛·

事禀报给了达延可汗说："我降服了你的敌人，我杀死了你的仇家！"达延可汗封克勒该为"达尔罕"。后来，蒙郭勒津部的和硕塔布囊、特木尔根两人前来归降。

科尔沁部的鄂儿多古海王提出："宜将右翼三个万户的人进行瓜分。"又说："仇恨既已了结，将仇人分配给各门各户听他们使唤！而让仇人聚集在一处，必将危及后世子孙。将七个鄂托克的喀喇沁中最大的永谢布部合并给我们七个鄂托克的科尔沁部，八个鄂托克的鄂尔多斯部是他们的主体，可合并给八个鄂托克的察哈尔部，再把十二个鄂托克的土默特部合并给十二个鄂托克的哈拉哈部！"达延可汗没有采纳鄂儿

·土默川·

多古海王的建议，而是派了自己的儿子巴尔斯博罗特吉农到右翼三个万户那里坐镇。

鄂儿多古海王气愤地敲打着坐骑的头说："我们的子孙们可要受难了！"据说盛怒之下鄂儿多古海王杀了鄂尔多斯部的代拉达尔，原因是没有给他提供住宿。又在割掉嘴唇之后杀了洪胡来，原因是他多嘴多舌进了谗言。众人都听到了鄂儿多古海王说过的那句话。

达延可汗四十四岁崩。

达延可汗的长子图鲁博罗特没等即位就去世了，

〉巴图蒙克〈

巴图蒙克，北元可汗，因其功绩被后人誉为达延可汗，意思是大元可汗，明人称其为"大元大可汗"。他是成吉思可汗的第十五世孙，孛罗忽济农之子。幼时父亲被杀，母亲西吉尔太后被掳，在别人家寄养，后由满都海哈屯抚养。1480年七岁时与满都海哈屯结婚，在她的扶持下继承了汗位。1510年统一了东蒙古，划分六个万户，并分封诸子为各万户的统治者，废除异姓封建主的太师、宰桑封号。取消了他们的特权。重新确立了成吉思汗黄金家族对蒙古的绝对统治。他确立的万户制、鄂托克制等，对清代和民国实行盟旗制度产生了直接的和深远的影响。1517年44岁时去世，在位38年。

也没留下子嗣。他的弟弟乌鲁斯博罗特也没等到即位，就死于伊巴莱太师之手。之后，以乌鲁斯博罗特的儿子博迪阿拉克年幼为由没让他即位，而是由其叔父巴尔斯博罗特即了大位。

后来，博迪阿拉克率领左翼三个万户谒拜八白室，对巴尔斯博罗特吉农说："你乘我幼小之际，越轨窃据了可汗的大位，今天若肯给我跪拜磕头，或可得到我的宽恕。"面对严辞警告和逼迫，巴尔斯博罗特吉农说："如果大汗是对的，我就跪拜吧，给我磕头吧。"博迪阿拉克说："这就对了！"于是吉农在八白室中跪拜，博迪阿拉克则继承了可汗大位。

之后返程，科尔沁万户的巴特尔莫洛齐乘了怀胎的黑鬃黄骠马随行，他向大汗呈奏道："沿着右翼万户的边境打回去吧！"可汗没有采纳这个建议。据说，莫洛齐巴特尔对此愤愤地说："骑了怀胎的骒马，我怎么能空手回去呢！"

锡古苏台的儿子博罗海王为报岱宗可汗的仇，前来攻击，见博郭鲁罗图车步登的儿子莫洛齐、阿勒出库台、阿鲁里三人已经立寨拒守有了准备，就班师回转。再次来攻击，见古列延中都有寨栅，还是不能攻陷。后来觉得跨越库里叶森林地带太困难，就打算横渡额尔古纳河前来攻击，却在鄂嫩河沙哈察干图大山的背阴与对方相遇，于是在必答里大山嘴地带摆下了战阵，准备大战一场。

额色布里的儿子额布切说："就算是荒原震动了，紫脸大汉额布切我是绝不会动摇的！"刚刚下了马，就被射中眼睛倒下去了。当有人要从他们腹部取箭时，因马缰拴在腰带上，被马拽起，站起来的额布切将那个人连人带马一起射穿。图鲁格很的儿子门都达尔罕前来接应，貉皮毛色良马的腿猛然被射断了，那匹马用三条腿穿越了大树林，鄂尔多古海的儿子斡阳古巴特尔把自己的淡黄毛色的马顺势交给门都达尔罕骑上，把他救出。

科尔沁部塔塔嘎勒津的白图与克列特部布莱二人是姐夫内弟关系，巴噶让部的图古力、胡古力二人是从兄弟关系，他们四人做先锋，依次都阵亡了。这次战斗没能攻克敌方。以门都达尔罕为统帅率领军队去哈林胡鲁贯的石笋地带安营扎寨。索朗古特的哈喇克沁布钦的后裔撒格塔的儿子赛音塔玛嘎图、阿勒塔沁的赛音胡虎岱二人当了先锋，此时珠古岱巴特尔对哥哥胡胡勒岱巴特尔说："我们俩出阵吧，我可以以一当二十！跟这两个人打没什么意思，不过你就算了，还是我出阵吧。"说着搭箭射倒塔玛嘎图。同赛音胡虎岱搏打时，塔玛嘎图站了起来，砍断了胡胡勒岱的脚踵，又把他杀死了。这次战斗仍然没能攻克，却掠得九百匹马驱将而去。门都达尔罕出击将他们挤进额尔古纳河中，布尔海的儿子阿尔撒胡北玛王从众人中找出阿鲁里巴特尔，将他杀死。将阿勒出库岱捆绑后同马群连起来驱赶时，阿勒出库岱说："遗憾的是阿勒出库岱老了，但你阿拉克其古特部已经遭遇分崩离析的危险！"话音刚落，用斧子砸死了阿勒出古岱。门都王把莫洛齐连在马上，到达撒儿乞那木洼地时，把他交给可汗处死。因于此门都王被封为达尔罕。说哈撒儿的后裔又一次帮助了可汗的子孙，

·阿拉坦汗塑像·

说的就是这件事。

后来，于羊儿年七月初十日，博迪阿拉克可汗在珠塔浪温都尔之崩。

这之后的猪儿年，达赉逊库登可汗即大位。在他的时代，朝政安宁，亲族和睦，六个万户的大国举国平安。可汗在三十八岁的蛇儿年崩。

1557年，达赉逊去世，终年三十八岁，在位十年。

本可汗在位之际，巴尔斯博罗特吉农的儿子格根阿拉坦可汗追念圣主父辈们辛勤治理并渐次扩收的五色族属四围夷邦的泱泱大国，因天命不佑而失去，怀想窝阔台可汗、胡鲁克可汗、蒙哥可汗时代获得的尊贵的宗教因命运不济而失去，回思忽必烈斯钦可汗建立的太平王朝、宝贵的宗教经文、坚实筑造的宫阙城池因运气不佳而失去等种种故事，后来为报额勒伯克可汗、阿岱可汗、岱宗可汗的仇与计杀阿噶巴尔金吉农的情事，历数过去所有的仇人恨事之后，决计发兵征讨汉人、卫拉特两地。在赛音阿拉坦可汗艰苦经营的基础上，将处在唐古特、吐蕃特这一边的阿木都瓦国和撒里畏兀儿国纳入了自己的管辖范围，俘获了阿里克桑噶尔沁乞博、鲁布木确杰、伊斯达嘎朗色仍台三勇士，并让他们缴纳贡赋。攻打卫拉特，杀死了扎拉曼图鲁，降服了以也克很阿哈为首的部分民众。进攻汉人国，捣毁了他们的城池，汉人的大明皇帝因惧怕而认缴贡赋，还给阿拉坦可汗封了"顺义王"的称号。

这之后，札萨克图图们可汗即大位。他崇宗教作法事，一直都在征讨往昔宿敌汉人国。纳囊吉因在汉人国征行列阵对抗立了

> 阿拉坦汗 〈

阿拉坦汗（1507—1582年），16世纪后期蒙古土默特部首领，孛儿只斤氏，成吉思汗黄金家族后裔，达延可汗之孙。又译作俺答汗、阿勒坦可汗、阿拉坦可汗。明朝嘉靖年间崛起，其部落初期游牧于今内蒙古呼和浩特一带，后逐渐强盛，迁察哈尔部于辽东，成为右翼蒙古首领。控制范围东起宣化、大同以北，西至河套，北抵戈壁沙漠，南临长城。后他为开辟牧场，又征服青海，甚至一度用兵西藏。

功，给他封了"达
尔罕"的封号。

本可汗在位期
间，也还是阿拉坦
可汗为了延续妥懽
帖睦尔可汗之时失
去的朝政、中断的
宗教，派达云乞雅
前去恭请作为观世
音菩萨化身的大木
钦禅巴索德纳木扎
木苏呼图克图达赖
喇嘛、曼珠室利呼
图克图、金刚持的
化身察木图伊尔柴
荣呼图克图三位活

〉图们札萨克图可汗〈

图们札萨克图可汗，蒙古北
元可汗，又被称为"察哈尔第三
任可汗"。达赉逊库登可汗的儿
子。1557年继位。在他统治期间，
由于阿拉坦汗请三世达赖喇嘛来
蒙古传播格鲁派佛教，蒙古各万
户及部落首领们纷纷拜佛，求得
"可汗"称号，蒙古北元汗廷出
现分崩离析的局面。对此，图们
可汗采取了对内颁布法典形成内
政外交的统一（札萨克就是蒙古
的法典，札萨克图的意思就是法
典的制定者）；对外征服了达斡
尔族和额里克特人（鄂温克族的
祖先）。他还多次攻打明朝边界，
明朝称之为"土蛮"。由于他在
位三十余年，明朝将察哈尔蒙古
也称为"土蛮"。

佛及以他们为首的众贤明高僧驾临，在额尔克图召以
金银珍宝塑造了释迦牟尼佛的金身，接续中断了的梵
宇香火，中兴颓败了的政体朝纲，在五色族属四围夷
邦泱泱大国中，一如当年的斯钦可汗一样得以声名显
扬。

札萨克图可汗出生于猪儿年。

在他之后，布颜斯钦可汗即大位，宣扬佛法真经。
重新奉得岱宗可汗失去的金印，巩固了太平朝政，使
普天下的人民得享安宁。在坚如磐石般稳固的斯钦可

〉力格登可汗〈

力格登可汗（1592—1634年），又称林丹汗。蒙古汗号为"呼图克图"，一般认为是蒙古末代可汗（也有人认为额哲是末代可汗）。力格登汗试图恢复蒙古的统一，把分崩离析的北元王朝重新统一起来，重建成吉思可汗的霸业，同时又面临着新兴的女真族的威胁。1627年，力格登可汗西迁，在赵城激战，平定右翼诸部。1632年，后金汗皇太极讨伐力格登可汗，力格登可汗远遁青海。1634年，力格登可汗因天花死于青海大草滩，终年四十三岁。其子额哲于翌年投降后金。

汗时期，格根阿拉坦可汗的儿子叫僧格特木尔杜仍可汗。他的儿子索莫尔莫尔根台吉家诞生了索德纳木扎木苏达赖喇嘛的化身，名叫云丹扎木苏。从此达赖喇嘛的化身降生在了达延可汗的黄金家族里，到如今将宗喀巴的宗教在蒙古的国家里犹如太阳光普照般广泛地传播开来。

布颜斯钦可汗在他四十九岁那年即兔年崩。

他的儿子莽忽格莫尔根台吉没来得及即位就去世了。

他的儿子力格登（林丹）呼图克图可汗于龙儿年在他十三岁的时候即了大位。

在达赖喇嘛的法驾升入天堂之后，依据达赖喇嘛曾经降下的法旨，迈达里呼图克图驾临蒙古地方，升坐达赖喇嘛的宝座。在六个大国中进一步阐扬普及了宗喀巴的宗教。

之后曼珠室利呼图克图驾临蒙古地方，再次将宗

·北元力格登（林丹）可汗·

教如阳光普照般传播。

依据蒙古诸可汗的事迹所撰写的这部《诸可汗源流黄金史纲》，至此杀青。